入門・日本の経済成長

Introduction To
Economic Growth In Japan

平口良司
HIRAGUCHI RYOJI

明治大学教授

日本経済新聞出版

はじめに

　この本は、タイトルにもあるように、経済成長、特に日本の経済成長について、平易に説明しようとするものです。経済成長という言葉自体はありふれたものですが、例えばなぜ経済が停滞するのか、あるいはどうやったら経済が成長するのかといった疑問に答えることは簡単ではありません。単に政府が国民にお金を与えたら、あるいは国民がお金を使えば経済成長が実現するわけではありません。本書は、長期的な経済発展を理論・実証の両面で分析する学問分野である経済成長論の観点から、上記の疑問に筆者なりの回答を提示することを目的とします。

　本書で明らかにしたいことは主に下の３点です。

①経済成長のプロセス
②経済成長を決める諸要因の解明
③日本経済の成長に関する課題

　まず、日本や世界の最近の経済成長の動向について解説します。その後、経済成長モデルと呼ばれる経済モデルを用いながら、経済成長に影響を与える諸要因について明らかにします。最後に、それらの分析に基づき、これからの日本の経済成長に必要な事柄について説明します。

　本書では経済成長について、経済学に基づいた議論を行うため、説明に際しては抽象的・数学的な概念を用います。そのため、イメージがしづらい場面があるかもしれません。例えば、本書では生産関数という用語をよく使いますが、この言葉は、品物の生産には労力と設備、そして技術が必要であり、どれが欠けても生産は完了しないという、いわば当たり前のことを意味しているにすぎません。ただ、生産関数という概念の導入を通して、労力、設備、技術の間の量的な関係を特定することに

より、経済成長のプロセス、あるいはその成長を止める要因などが具体的に見えるようになります。

　経済ニュースでは短期的な景気の動向、特に誰がいくら買うかという「支出」、経済学でいう需要の動向の分析に重きがおかれます。特に毎回といっていいほど話題になるのが国全体の経済活動の 60 ％近くを占める個人消費の動きです。日本においては 2020 年、新型コロナウィルス感染症への経済対策として、国民 1 人当たり 10 万円の定額給付金が政府から支給されました。しかしその際も、給付のうちいくらが支出に回るかということが経済効果に関するメインの話題となりました。人々の支出がどうなるかというのは、短期的な経済分析においては極めて重要な要素です。人々が全く支出をしなくなったら経済は当然ながら崩壊します。しかし、長期的な経済発展を考える際に必要なのは、どのように支出するかという需要面でなく、どのように生産をするかという「供給」の面なのです。作られる商品の中身、あるいはその商品が生産される状況が全く変わらないのに購入量だけ増え続けるという状況は起こりえません。本書では、一つの国の経済規模が長期的に増大し続けるには何が必要なのかということについて供給の観点から解説します。

　筆者は時々、日本経済低迷の要因やその復活の方法として一つの決定的な要因を挙げる経済論説を目にすることがあります。これらの論説のメッセージは明確ではあるものの、残念ながら、今の日本経済を取り巻く環境は複雑化しており、何か一要因のみのせいで日本経済が悪くなっているわけではありません。本書においては、日本経済の抱える課題を主に 4 つ（高齢化、教育、マクロ政策、環境）あげ、その 4 点それぞれの立場から、日本経済の成長に必要な事柄を経済学的観点から説明します。塵も積もれば山となるということわざを略した「ちりつも」という言葉を最近よく聞くようになりましたが、今後の日本経済の発展のためには、様々な課題を「ちりつも」的に解決していくことが必要であると思っています。

　筆者が本書を執筆していた 2020 年から 2022 年の間、日本経済は新型

コロナウイルス感染症の拡大に苦しみ続けました。緊急事態宣言に伴う飲食店の営業制限や外国人観光客の受け入れ中止など、日本経済に大きな打撃が及びました。2022年現在、残念ながらその脅威は残ったままです。雇用維持をはじめとし、今の状況を守るのが精いっぱいで、経済の長期的な成長を考えるなど現状からずれた議論だと思われる読者の方も多いのではないでしょうか。しかし海外に目を向けると、アメリカやヨーロッパなど、すでに各種制限を撤廃し、通常の経済活動に戻った国々も少なくありません。ワクチンや薬の提供など医療体制が整いつつあることがその背景にあるといえます。日本もそろそろ、短期的な景気刺激策だけでなく、自国経済の長期的な成長に必要な事柄について考える時期に来ているのではないでしょうか。本書がその一助となることを願っています。

本書で取り扱う国民経済計算の統計の詳細について、私は専修大学の稲葉大教授より多くを教えていただきました。また、私の指導教官である東京大学名誉教授の吉川洋先生からは、ゼミや研究会等を通して、経済成長が何たるかについて多くを学びました。本書を完成できたのも吉川先生のご指導あってこそと考えております。感謝申し上げます。

最後になりましたが、日経BPの細谷和彦様には、本書の出版に際し、ご尽力をいただきました。執筆が思うように進まないことも多々あり、出版には年月がかかってしまいましたが、その間何度も励ましていただきました。この場を借りて厚く御礼申し上げます。

2022年9月

平口　良司

入門・日本の経済成長　目次

第 1 部
経済が成長するとはどういうことか

第 1 章　経済成長とは何か

第 2 部
経済成長の諸論点 …… 103

第 3 部
日本経済の成長のために …… 175

[巻末]

装丁・野網雄太

第 1 部

経済が成長するとはどういうことか

第 1 部においては、

経済成長論の基礎について解説します。

第1章

経済成長とは何か

本章では主に、経済学では経済成長をどうとらえるのかということについて説明します。

1-1　SDGs と経済成長

　読者の皆さんは、おそらく SDGs（Sustainable Development Goals）という言葉をここ数年何度も耳にしたことと思います。2015 年 9 月に国際連合は、国連サミット（持続可能な開発サミット）において、持続可能でありかつより良い社会を作り上げるため、SDGs という世界的な目標を、加盟国（合計 193 か国）の全会一致で採択しました。

　SDGs は「貧困をなくそう」、あるいは「安全な水とトイレを世界中に」といった計 17 の具体的目標（ゴール）から構成されていますが、その中の 8 番目のゴールに、「働きがいも経済成長も」というものがあります。外務省によれば、この言葉は、

"包摂的かつ持続可能な経済成長及びすべての人々の完全かつ生産的な雇用と働きがいのある人間らしい雇用（ディーセントワーク）を推進する"（外務省 SDG グローバル指標ウェブサイトより引用）ということを意味しています。

　ここでいう包摂的（inclusive）な経済成長というのは、ごく一部の富裕層だけでなく、低所得者層を含むすべての人が恩恵を受けることのできるような経済成長として解釈することができます。また、「持続可能」な経済成長とは、限りある様々な資源を使い切ってしまったりすることなく、かつ労働者が働きすぎて健康を害したりすることなく行う成長と

いえます。さらに、完全かつ生産的な雇用とは、働きたいと考えるすべての人々に対し、希望するような労働の機会が与えられているような状況を指すと考えられます。SDGs というと環境面をイメージすることが多いですが、経済的な側面も SDGs に関わっています。

　2019 年末に発生した新型コロナウイルスの蔓延は、この SDGs の実現に暗い影を落としていますが、特にこの「経済成長」の目標実現に打撃を与えています。国連は、先述の SDGs の各ゴールについて、専用のウェブサイトにて説明を行っています。「働きがいも経済成長も」の

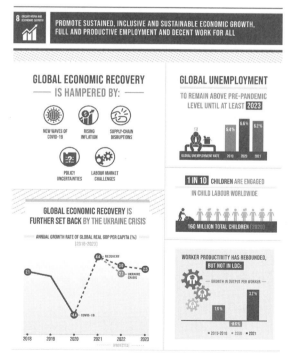

図 1-1　SDGs ゴール 8「働きがいも経済成長も」に
ついての国連解説イラスト
出典：国連 SDGs ウェブサイト（ゴール 8）より転用（https://sdgs.un.
　　org/goals/goal8）

ゴールについては、イラスト（図1-1を参照のこと）を用いて主に5点のことを説明しています。

①世界経済の回復を阻害する諸要因（コロナの流行など）

②ウクライナ危機が今後の世界経済回復に与える影響

③失業率の高止まり

④世界の児童の10％が労働に従事していること

⑤労働生産性が（途上国を除き）回復傾向にあること

　2番目の項目である世界経済の見通しについては、時系列データを用いて説明がなされています。このグラフからは、世界の1人当たり実質国内総生産（Global real GDP per capita）の増加率がパンデミック以前に2％近くあったものが、2020年にマイナス4％近くにまで落ち込んでしまったこと、そしてその後、値が回復するものの、そのペースが今後落ちる見込みであることがわかります。コロナウイルスに対してはワクチンや治療薬の開発が進行しているものの、2022年現在、完全制圧には至っていません。今後経済が回復するかは今なお不透明といえます。

　日本においても、今後持続的な経済成長を実現するにはまずコロナウイルスに打ち勝つことが必要なことは言うまでもありません。しかしながらたとえコロナを克服したとしても、そのあとに解決しなくてはならない深刻な課題がいくつもあります。このことについては後述します。

1-2　経済成長の定義

　経済成長という用語は新聞記事でも頻繁に目にするものであり、ありふれた言葉といえます。ただ、最初ということもあり、改めて、その言葉の持つ意味について考えてみましょう。

　そもそも「経済」とは、様々な人々や組織（企業や政府など）が、多種多様な品物を取引し、そしてその過程で代金を支払ったり利益や所得などを受け取ったりする活動の全般を指す用語です。経済学とはこの経

済に存在する「法則」を学ぶ学問といえます。経済学において、個々の世帯、企業による経済（活動）をミクロ経済、そして国・地域全体の経済（活動）のことをマクロ経済といいます。「ミクロ」という言葉には「個々の」、そして「マクロ」という言葉には「全体」という意味があります。国・地域全体の経済動向を研究する経済学の一領域をマクロ経済学といいます。

　一方、「成長」とは、一般に人や組織など、様々な物が生育し大きくなることを言います（参考：新明解国語辞典（第七版、三省堂））。つまり、ある国、あるいは地域の「経済」が「成長」するとは、時間とともにその国、あるいは地域の経済活動がより拡大していくということ、すなわち、その国あるいは地域が、物質的な面でより豊かになっていくことを意味します。経済成長論とは、マクロ経済学の一種であり、国（地域）が豊かになっていく過程、そして国を豊かにする、あるいは逆に豊かにさせなくする要因を、経済学の立場から探る学問のことです。

　本書の大きな目的の一つは、日本や世界の経済活動をこの経済成長論の立場から分析することにあります。人や物が成長する場合、通常それには長い年月がかかります。「経済」成長も、ごく短期間経済活動の程度が増すことではなく、長期的（10年程度）に経済活動が活発化し豊かさの度合いが増加し続けることとしてとらえます。

1-3　国内総生産で測る経済成長

　経済成長の議論はまず、国（あるいは地域）の経済規模を量的・数的に把握・測定することからスタートします。通常国の経済規模の程度を示す最も基本的な指標は、国内総生産（GDP）です。ある国の国内総生産とは、その言葉に「生産」という文字が入ることからもわかるように、簡単に言えばその国で生産され、そして売買される様々な品物（生産物）の総生産額のことです。ここで、生産に対する対価は、いずれ必ず誰かの所得になるため、国内総生産には、その国の人々や企業の稼ぐ

所得の総額という側面もあります。詳しい説明については第 3 章で行いますが、本章においては単純化のため、国内総生産を生産物の総額あるいは所得の総額とみなして考えます。

　経済成長の度合いは、国内総生産がどの程度増えたかで測ります。しかし、同じ 50 兆円の増加でも、もともと国内総生産が 50 兆円程度であった国と、すでに 1000 兆円もある国とでは、受けるインパクトは大きく異なります。最初の国では、国内総生産が倍になるのですから、社会の変化はとても大きなものとなっているでしょう。通常、経済成長の程度は、国内総生産が昨年から今年までの 1 年間で何パーセント増えたかという割合によってとらえ、これを経済成長率といいます。今年の段階での経済成長率は以下のように計算することができます。

$$\text{経済成長率} = \left(\frac{\text{今年の国内総生産} - \text{昨年の国内総生産}}{\text{昨年の国内総生産}} \right) \times 100 \, [\%]$$

　新聞やテレビの報道において経済成長率といった場合、国内総生産、特に物価変動の影響を取り除いた実質国内総生産の増加率を指します（名目国内総生産と実質国内総生産との違いについては第 3 章で説明します）。本書においては経済成長を、経済成長率が「持続的・長期的」にプラスの値をとり続けることとしてとらえます

　ところで、新明解国語辞典（第七版、三省堂）は、経済成長率を

"その国の 1 年間における経済成長の度合いを示す数値。普通、<u>*国民総生産*</u>*の対前年度比の伸び率で表す。（下線筆者）"*

と定義しています。かつては、国内総生産に似た、この国民総生産（GNP）という指標が国の豊かさを測る指標とされていました。GNP と国内総生産は似てはいるものの異なった指標です。GNP とは、「国民」が一定期間の間に生み出した生産物の総額のことです。この場合、例えば日本人がアメリカにおいて生み出した生産物の価値は日本の GNP に入りますが、この日本人は国外にいるため、日本の国内総生産にはカウ

ントされず、アメリカの国内総生産に入ります。一方、外国人が日本において生み出した生産物の価値は、日本の国内総生産に含まれますが、日本の GNP には入りません。

　内閣府によれば、日本の「国内」における経済状況をより正確に測るため、現在では国民総生産ではなく、国内総生産が指標として主に使用されるようになりました（出典：内閣府国民経済計算ウェブサイト「よくある質問：GDP と GNI（GNP）の違いについて」）。そのため、本書においても国の経済規模を国民総生産ではなく国内総生産でとらえます。両者の差額は国内総生産の額自体に比べて少ないため、本書では通常、ある国の国内総生産をその国の「国民」が生み出した総生産とも見なします。

1-4　1 人当たり国内総生産の持つ意味

　1-1 節で示した SDGs に関する国連作成のイラストからもわかるように、経済成長つまり国の豊かさの度合いの増加を考える際、国内総生産の「総額」ではなく、それを国民の人数で割った 1 人当たり国内総生産に着目することが多くなっています。以下ではなぜ人数で割らなくてはならないかについて簡単に説明します。

　ここで国（ないし地域）の豊かさというのはつまり、その国（地域）に住む「人々」の生活水準の程度のことです。そして人々の豊かさというのは、国全体の所得というよりも、一人ひとりの受け取る所得、つまり 1 人当たり所得に依存すると考えられます。

　例として、人口 100 万人の A 国の国内総生産（＝ A 国の総所得）が 6 兆円であり、一方人口 1000 万人の B 国の国内総生産（＝ B 国の総所得）が 12 兆円だったとします。単純化するために、両国の物価は同程度だとします。確かに総生産＝総所得で見ると B 国の方が 2 倍高いですが、A 国の国民 1 人当たりの所得は 6 兆÷100 万人＝600 万円であるのに対して、B 国の国民の所得は 1 人当たり 12 兆÷1000 万人＝120 万

円と、A 国の 20 ％しかなくなります。生活水準の高い国民、つまり欲しいものを（国民 1 人当たりで）より多く買うことができる国民は A 国の国民の方です。よってこの場合、国内総生産自体は少ないものの、一人当たり国内総生産の大きい A 国の方がより豊かであるということができます。本書では主に、経済成長の度合いを国内総生産全体の増加率ではなく、1 人当たり国内総生産の増加率で測ります。

　国内総生産はその定義から 1 人当たり国内総生産と人口の積になるため、国内総生産の増加率は、近似的に 1 人当たり国内総生産の増加率と人口増加率の和に等しくなります（近似計算の方法については巻末（巻－2）を参考にしてください）。つまり、1 人当たり国内総生産の増加率は、おおよそ国内総生産全体の増加率から人口増加率を引いたものとして計算できます。例えば、国内総生産の増加率が 3 ％であり、人口増加率が 1 ％のとき、1 人当たり国内総生産の増加率、つまり本書における経済成長率は 3 ％－1 ％＝約 2 ％となります。

1-5　超長期の経済成長：ホッケーのスティック

　超長期の国民所得を推計する世界的な研究組織として有名なマディソンプロジェクトが公開しているデータベースは、過去 1000 年以上にさかのぼって各国の 1 人当たり国内総生産の推移を推計、そして公表しています。このデータベースについての詳しい説明は Bolt and van Zanden（2020）になされています。図 1-2 は、マディソンプロジェクトが提供しているデータを用いて、日英 2 か国の 1 人当たり国内総生産の推移（西暦 1000〜2000 年）をグラフにしたものです。このグラフはいわゆる片対数グラフであり、縦軸方向に値が 1 目盛り分増えることにより、その値は 2 倍になります。したがって、このグラフにおいて直線的に 1 人当たり国内総生産が増えるということは、その増加率つまり経済成長率が一定であるということを意味します。

　図 1-2 をみてもわかるように、1000 年から 1800 年の約 800 年の間、

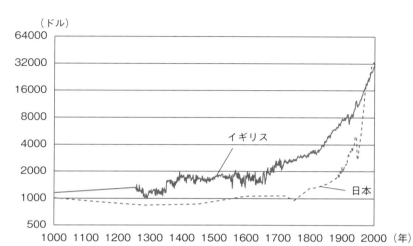

図 1-2　日英の 1 人当たり国内総生産の長期的推移

出典：Maddison Project Database version 2020. より作成

元データ出所：日本：Fukao, Bassino, Makino, Paprzycki, Settsu, Takashima and Tokui（2015）及び
Bassino, Broadberry, Fukao, Gupta and Takashima（2018）イギリス：Broadberry,
Campbell, Overton and van Leeuwen（2015）

　日本の 1 人当たり国内総生産はドルに換算して約 1000 ドルから 1300 ド
ルまで約 30 ％しか増えていません。しかし 1800 年代、特に後半からそ
の値が急増し始め、1900 年に約 2000 ドルとなります。この 100 年だけ
で約 60 ％増加したことがわかります。さらに国内総生産増加のスピー
ドは増し、第 2 次世界大戦直前の 1940 年には約 4000 ドルと、わずか
40 年で 2 倍になります。その後敗戦により 1 人当たり国内総生産の値
は減少しますが、高度経済成長やそれに続く安定的な経済発展により、
2000 年には 60 年前の 1940 年における値の約 8 倍となる約 3 万 2000 ド
ルを記録します。

　イギリスについても同様のことが言え、1700 年ごろまで 1 人当たり
国内総生産に大きな変化は見られないものの、そこから 1800 年にかけ
て突如増加を始め、1900 年を越えるあたりからその増加のスピードを
さらに早めました。こういった 1 人当たり国内総生産の長期の低迷及び
過去 100～200 年における急増は、ほかの先進国についても観測されま

す。このような、1 人当たり国内総生産の長期時系列のグラフは、その形状から Jones and Romer（2010）など経済成長論の文献において「ホッケーのスティック」と呼ばれます（スティックとは、スポーツ競技のホッケーにおいてボールを打つための器具のことです）。

　1800 年ごろから各国において国内総生産が急に増え始めた決定的な要因として産業革命があげられます。1700 年代後半からイギリスで始まったこの産業革命においては、紡績機の発明など様々な技術革新が起こり、それにより、農業から綿工業や鉄鋼業に代表される工業へと主要産業の転換が起こり、生産が急増しました（参考：藤澤（2011））。日本においても明治政府による殖産興業政策により、これらの先端技術の習得が国主導で行われ、富岡製糸場など国営の工場も設立されました（参考：経済企画庁（2000））。その結果日本も急激な経済成長を経験することになりました。

1-6　世界各国の経済成長率の分布

　前項においては長期的な観点から経済成長の推移を見てきましたが、世界各国の経済は、ここ数十年をとっても着実に成長を遂げています。図 1-3 は、1 人当たり国内総生産の世界平均の推移（過去 30 年間）を示しています。いわゆるリーマンショックの時期と今回のコロナ危機の時期を除き、確実に増加していることがわかります。

　図 1-4 は、1979 年から 2019 年までの 40 年間に、世界各国（計 150 か国）の 1 人当たり国内総生産がどれくらい増えたのかを年率換算で棒グラフにしたものです。成長率の最低値は南米ベネズエラのマイナス 8.9 ％、そして成長率の最高値は、中央アフリカに位置する赤道ギニアの 6 ％です。松浦（2015）によれば、ベネズエラの経済低迷は、主な輸出品である原油価格下落に伴う政治経済の混乱に主な原因があります。一方、赤道ギニアの高い経済成長には、油田の開発が貢献したといわれています（参考：外務省（2019））。アジア地域においては、やはり工業

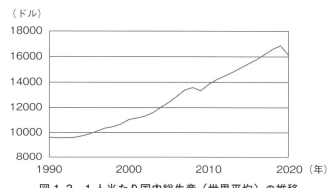

図1-3　1人当たり国内総生産（世界平均）の推移
出典：世界銀行データサイト（World Bank Open Data）より作成

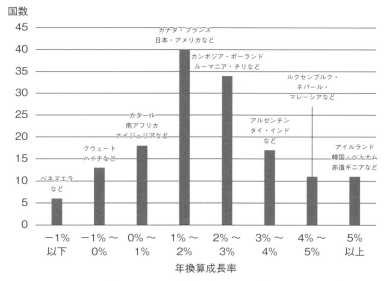

図1-4　世界各国の平均経済成長率の分布（1979-2019年）
出典：Penn World Table 10.0 より作成
参考：ヘルプマン（2009, 図1-1）

化に成功した韓国やベトナムの成長が目覚ましいことがわかります。

　図によれば、1人当たり国内総生産成長率の分布の中央値はおおよそ
2.0％程度となっています。日本は平均1.6％程度と、中央値よりやや

下に位置しています。多くの先進国の平均成長率は 1 ％から 3 ％の間の値をとっていますが、中には韓国やアイルランドなどのように 5 ％以上の成長率を記録している国もあります。

　なお、図 1-4 のデータの出典となっている「Penn World Table（PWT）」とは、国際比較可能な各種マクロ経済データを公開しているウェブサイトのことで、オランダのグローニンゲン大学経済成長開発センター（Groningen Growth and Development Centre）によって管理されています。その詳しい説明については、Feenstra, Inklaar and Timmer（2015）を参考にしてください。

1-7　成長率に関する 70 の法則

　年率○○％の成長といっても、それが経済にどれくらいのインパクトがあるのかピンとこない読者の方も少なくないのではないでしょうか。ここで、少し視点を変え、年率○○％の成長率で国内総生産が増加していくとき、当初の値の 2 倍になるのに何年かかるかという問題を考えてみましょう。この問いを数学的に表現すると、年間 $g[\%]=0.01 \times g$ の割合で国内総生産が増えていく場合、国内総生産が今の 2 倍になるのにかかる年数（未知数）N を g で表すという問題になります。1 年ごとに国内総生産の値は $(1+g/100)$ 倍されますので、N 年後に 2 倍になったとすると、N についての方程式

$$\left(1+\frac{g}{100}\right)^{N}=2$$

が成立します。この増加率 g と年数 N の間の関係式を N について解けばよいということになります。増加率 g が上がるほど、2 倍になるのにかかる年数 N は少なくなります。例えば $g=2$ ％の場合、$1.02^{36} \cong 2.03$ ですので、倍になるのに約 36 年かかりますが、$g=1$ ％の場合、1.01^{70}

$\cong 2.01$ ですので、倍になるのに 70 年近くかかることになります。

　上の式は、指数関数に関する方程式で、解は $\log_2(1+g/100)$ の逆数となりますが、その値を簡単に求めることはできません。しかし、成長率 g が小さい値のとき、g と N の間には近似的に以下のような反比例の式が成り立つことが知られています。

$$N \cong \frac{70}{g}$$

これを 70 の法則といいます（参考：クルーグマン・ウェルス（2019））。

　先に述べたように、日本、イギリスといった多くの先進国の平均成長率は 1〜3 ％の範囲に収まっています。その意味では日本はこれらの国々と「あまり」大きな差がありません。しかし、20 年、30 年たつとこの小さな差が非常に大きな差を生みます。このことを、「70 の法則」を使って考えてみましょう。日本の過去 40 年間の平均成長率は 1.6 ％ですので、このペースでいくと、日本の 1 人当たり国内総生産が 2 倍になるのにかかる年数はおおよそ $70/1.6 \cong 44$ 年となります。しかし、平均成長率が 2.0 ％と、日本よりわずかに 0.4 ％高いイギリスの場合、国内総生産が倍になるのにかかる年数はおおよそ $70/2 = 35$ 年となり、日本より 10 年近くも早いことがわかります。

　1 人当たり国内総生産の水準で見た先進国間の差は、ここ 30 年でも拡大し続けています。図 1-5 は、1990 年以降の約 30 年間の 1 人当たりの国内総生産の推移について、主要 5 か国について比較をしたものです。ここでは、1990 年における各国の 1 人当たり国内総生産の値を 100 として標準化しています。この図からもわかるように、ここ 30 年間に及ぶ日本の 1 人当たり国内総生産の伸び方は他の先進国と比べてもかなり弱いことがわかります。1990 年からコロナ危機直前の 2019 年までの約 30 年間で、アメリカ、イギリス、ドイツは 50 ％近く 1 人当たり国内総生産を増やしましたが、日本の場合 30 ％程度しか増やしていませ

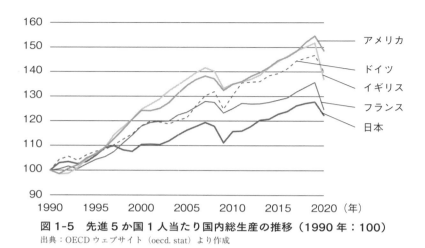

図 1-5　先進 5 か国 1 人当たり国内総生産の推移（1990 年：100）
出典：OECD ウェブサイト（oecd. stat）より作成

ん。この成長の差がどこから生まれるのかを分析することも本書の大きなテーマの一つです。

1-8　本書の内容

　以下では、次章以降で説明する内容について簡単に説明します。まず、国内総生産の長期的な水準を決める要因について、生産要素と生産関数という概念を用いて説明します。ここで生産要素とは生産をするにあたり必要となるものの総称であり、そして生産関数とは生産要素の量と生産物の生産量との間に成立する関係式のことです。次に、経済成長モデルと呼ばれる経済モデルを用いながら、国内総生産が長期的に増えていくメカニズムについて説明します。

　その後、設備投資の度合いや教育水準、生産性水準などの諸要因が経済成長にどのように影響を与えるのかについて、この経済成長モデルを用いて説明します。さらに、それらの理論的予測が実際のデータとどう整合的かを説明します。最後に、戦後日本の成長と停滞の歴史的経緯を簡単に振り返り、日本経済の抱える長期的課題とその解決の方向性につ

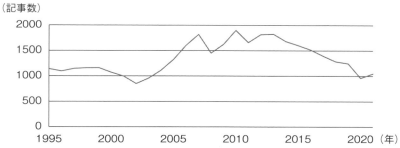

（記事数）

図 1-6　日本経済新聞（朝刊・夕刊）における「経済成長」を含む記事数の推移
出典：日経テレコンより作成

いて説明します。

　ところで、経済成長という言葉は新聞においてどの程度取り扱われているのでしょうか？　図 1-6 は、1995 年から 2021 年までの過去約 25 年間の間に、「経済成長」という言葉を含む記事が日本経済新聞（朝刊・夕刊）に掲載された数の推移を示しています。記事の中には、内容のメインテーマが経済の成長とはあまり関係ないものも含まれますが、おおむね年間 1000 程度、1 日平均約 3 つの記事が経済成長という言葉を用いていることがわかります。本書を通じて日本経済・国際経済の長期的な推移に関して新たな見方を提示できればと願っています。

第 1 章のポイント
- 経済成長とは一国の経済規模が長期的に増加し、その国の国民が物質的な面で豊かになっていくことである。
- ある年における経済成長率は、1 年前からその年にかけて国内総生産が増加する割合で計算する。
- ある国の 1 人当たり国内総生産はその国の生活水準を示す。
- 経済成長は主に 1 人当たり国内総生産を用いてとらえる。
- 1 人当たり実質国内総生産でみた日本の経済成長率はここ 40 年間で平均 1.6 ％程度である。この値は世界各国の平均成長率の中央値付近である。

第2章

生産を決める主要因：
労働・資本・生産性

**本書のテーマの一つは、国内総「生産」がどのようにして増えるかということですが、
本章では、そもそも生産量の水準が何によって決まるのかについて説明します。**

2-1 生産物と財・サービス

　国内総生産の値を計算する際、対象となる生産物は、生産され、値段がついて市場で売買される品物全般です。この生産物は、果物や車など、形のある財、そして航空輸送やカラオケといった、形のないサービスにわけられます。以下では生産物のことを財・サービス、ないしサービスを省略して財ということがあります。なお、株券など金融商品も値段がついて取引されますが、これらの商品は生産されているものではなく、単に企業所有権等を示す紙片に過ぎないといえるため、国内総生産の計測対象から外します。

　生産物のそれぞれには、当然ながら値打ち、つまり価値があります。経済学は、原則として生産物の価値がその価格に反映されるものと考えます。この考えに基づくと、ある量の生産物が生産された際、その価値は、その生産物1単位当たりの価格に生産量（取引量）をかけたものに等しくなります。

　生産物には、別の生産物を作るための部品などの生産物を意味する中間生産物と、それ以外の最終生産物とに分類することができます。同じ牛乳でも、チーズの原料にする場合は中間生産物、そしてそのまま飲む場合は最終生産物となります。最終生産物の価値には、それを作るのに必要となった中間生産物の価値が含まれています。例えばある自動車会

社 A が、別の会社 B からカーナビを購入し、それを備え付けて C さん
に車を売ったとします。この場合車の値段にはエンジンやカーナビの値
段が含まれます。一般に、ある生産物の価値からその中間生産物の価値
を引いたもの、つまり生産物の生産により新たに社会に生み出された価
値を付加価値といいます。各企業は、中間生産物を購入し、その中間生
産物に付加価値をつけて新たな生産物として市場に販売します。

2-2　4 つの経済主体

　経済活動に関わっている様々な人や組織を総称し、経済主体といいま
す。本書においてある国の経済を考える場合、その国における経済主体
は主に家計、企業、政府、外国の 4 つからなると考えます。各経済主体
の経済活動はそれぞれ国内総生産に大きな影響を与えます。以下順に説
明していきます。

　まず家計とは、私たち自身のことです。家計は企業などにおいて労力
を提供し、その対価として労働所得を得ます。家計は労働所得以外にも
株式の保有などから配当所得も得ます。家計は所得を税金・保険料の支
払い（非消費支出）や生産物の購入（消費）などに充て、使わなかった
残りを将来の消費のため、あるいは子どもなど将来世代に残すため貯え
ます。この貯えを貯蓄といいます。所得から非消費支出を除いたものを
可処分所得といいます。

　次に企業とは、労働者を雇ったり、あるいは設備を用いたりして生産
物を生産し、利益を上げる組織のことです。本書において利益とは、売
上高から設備の購入費や労働者の人件費など、生産にかかる費用を引い
たものです。売上高を増やすには設備を増やしたり、あるいは労働者を
より多く雇用したりする必要があります。設備の設置費用は巨額です
が、その購入資金を手持ちの資金では賄えない場合、金融機関からお金
を借りたり、あるいは債券や株式を発行したりするなどして資金を調達
する必要があります。この場合、借りたお金に対しては、貸し手に対し

てそのお金に利子をつけて返さなくてはなりません。経済学において、企業は設備の量や雇う労働者の数を上手に決めることにより、利益をできるだけ多くしようとすると仮定します。

　次に政府とは、公的な財・サービスを供給するための組織です。政府は、生産物の生産に欠かせない、道路や港湾といった社会インフラ（社会資本）を整備する役割、あるいは低所得者層や高齢者層の所得を保障するための年金給付や失業給付など、社会保障制度を実行する役割などを担っています。社会資本の整備や各種給付には財源が必要になりますが、そのために政府は家計の消費や所得、あるいは企業の利益などに課税をしたり、あるいは国債を発行したりします。

　ところで、一つの国の経済活動には、その国にいる経済主体（家計・企業・政府）だけでなく、海外にいる家計や企業も影響を与えます。例えば、日本企業が作る製品は、国内の家計や企業だけでなく、海外の家計や企業も購入します。また、外国企業が良い製品を作ったら、国内の家計や企業はその企業から製品を輸入するようになり、その結果、国内企業が生産を減らすこともあります。こういった、国外の経済主体を外国とまとめて呼びます。

　以上、4つの経済主体が互いにかかわりあいながら生産活動を行い、その結果、国内総生産の値が決まります。

2-3　生産要素

　生産物を作り、そして販売するのに何が必要かと聞かれたら、皆さんなら何と答えるでしょうか。ここで洋菓子店を例にとって考えてみましょう。今、この洋菓子店が、菓子、例えばクッキーの製造に必要な小麦や砂糖といった原材料を手に入れたとします。しかし調達した原材料をただ放置していてもクッキーができないのは言うまでもありません。原材料をもとに、付加価値のつく生産物を生み出し、販売するためには様々なものが必要です。

　まず必要となるのは、菓子職人や、消費者からお金を受け取り品物を消費者に引き渡す店員など、様々な労働者が提供する労力です。以降では生産に必要な労力を労働と総称します。

　次に必要となるのは、菓子を製造、販売するための店舗やそしてオーブンなどの設備です。これらを本書では資本と総称します。資本・労働については次節以降で詳しく説明します。

　生産に必要な設備を稼働させるには石油などのエネルギーが欠かせません。また、きれいな水なくして魚は育たず、したがって漁業を行うことはできません。こういったエネルギーや天然資源をはじめとする各種の資源も生産物の生産に大きな影響を与えます。世界各国の経済規模が拡大していく中で、様々な天然資源の枯渇が深刻な問題となっています。限りある資源を失うことなく経済を発展させていくにはどうしたらよいかが現在問われています。SDGs のゴールでもある「持続可能な」経済成長を考えるうえで、資源の総量の適切なコントロールは必須です。さらに、ほとんどの生産活動には、活動するための土地が欠かせません。その意味で、土地も生産要素の一種です。

　こういった設備・道具・労力、あるいは資源など、生産物を作るうえでの「もと」となるものをまとめて生産要素といいます。経済成長論においては、労働や資本を重要な生産要素と考えます。議論を簡単にするため、本書においてはしばらくの間、生産要素のうち資源や土地を主な分析対象から外すものとします。

2-4　労働

　経済成長論では、生産要素が生産に与える貢献の度合いを計測しようとします。ただそのためには生産要素の水準や規模を（近似的に）数値としてとらえる必要があります。以下では、労働を量としてどのようにとらえるかについて説明します。

　労働量はまず働く人の数、つまり労働者数に大きく依存します。しか

し、労働者数が多くても、労働時間が短くなると、生産に貢献する労働の総量は減ります。本書において労働量は、労働者数と労働者 1 人当たりでみた労働時間の積として与えられると考えます。

> 労働(量)＝労働者数×1 人当たり労働時間

　本書においては、国全体の労働量をアルファベットで L と表記することがあります。また、議論を簡単にするため、次章以降の議論においては、労働者の労働時間は 1 人当たりちょうど 1 単位であり、労働の量と労働者数は一致するものと考えます。そして、労働の量のことを単に「労働」と呼ぶことにします。

2-5　資本

　先に、設備や機械などを総称して資本と呼ぶといいましたが、経済成長論は、設備・機械以外の実に様々なものを資本としてとらえます。本節においてはまず資本の意味について説明します。経済学において、資本は主に以下の 2 つの定義で用いられます。

［定義 1］経済活動の元となるお金（出典：新明解国語辞典（第七版、三省堂））。

［定義 2］生産物を新たに生産するために利用あるいは使用される、過去から現在にかけて蓄積されたもの。

　通常資本は定義 1 の意味で用いられることが多いですが、経済成長論においては、主に定義 2 の意味で資本を用います。一般に、過去から現在にかけて蓄積されたものをストックといいますが、この意味で資本を資本ストックということがあります。

　資本そのものも生産物です。しかしその存在目的は、コメや牛乳のように今すぐ使い切ってしまうことではなく、将来の生産に貢献するということにあり、しかもその貢献が現時点のみで終わるのではなく、将来

にわたり続くという点で、普通の生産物とは異なります。経済成長論で
扱う資本には、主に物的・人的・社会の3種類の資本があります。この
ことについて次節以降紹介していきます。

　のちに詳しく説明しますが、経済成長の過程においては、この資本を
増やしていくことが重要となります。資本を増やす行為またその量を投
資、あるいは資本蓄積といいます。

2-5-1　物的資本

　資本のうち、設備や道具、機械といったものを特に物的資本（physi-
cal capital）といいます。物的資本の国全体の総量をアルファベットで
K と表記することがあります。物的資本は資本の中で最も代表的なも
のといえます。以下の説明においては、物的の言葉を省略し、単に資本
ということがあります。

　ここで資本として、先述の洋菓子店の例におけるオーブンを取り上げ
て考えます。このオーブンは、菓子を作るために必要なものであり、そ
れ自体生産物です。しかしそれは今でなくて過去のある時点で作られた
生産物です。オーブンだけでなく、過去の時点に作られたほかの様々な
もの、ナイフなどの道具なども生産に用いられます。つまり、生産のた
めに使う設備・装置などは、先に説明した資本の定義において、定義2
の意味での資本と考えることができます。

　物的資本は設備や機械だけではありません。労働者が安定的に労力を
企業に供給するためには、当然ながら住む家が必要です。この意味で過
去から現在にかけて作られた住宅施設も生産に必要な一種の「設備」で
あり、その価値も物的資本に含めます。

　生産物は、日によって売れたり売れなかったりし、将来の売れ行きの
状況を正確に予測することは不可能です。このような不確実な状況下で
生産物を安定的に販売するには、店は「在庫」を保有していなくてはな
りません。在庫がなければ、急な販売増に対応できず、経済活動に多大
な悪影響が及びます。この在庫も、過去に作られたものの蓄積（ストッ

ク）といえ、資本の範囲に入ります。これら「設備」、「住宅」、「在庫」という 3 つの資本をまとめて物的資本といいます。

　物的資本の価値は、設備や機械などの価値（価格）の合計としてとらえます。ただ、設備や機械は時間がたつにつれ老朽化し、生産へ貢献できる度合いが減ります。こういった老朽化に伴う物的資本の価値の減少を資本減耗といいます。生産に貢献する資本の価値を計算する際はこの資本減耗を考慮する必要があります。

　これまで物的資本として、設備や機械や道具といった、形のある「財」を例として説明してきましたが、企業の使う「ソフトウェア」、あるいは企業の持つ特許などの知的財産権などの形の見えない「サービス」も、生産に必要で、その価値は過去から現在にかけて積み上げられたものと言えます。例えば、キャッシュレス化が進む中、電子決済を行うソフトウェアの利用は円滑な生産物の販売に欠かせません。こういった形のない資本のことを総称し、無形資本（無形資産）といいます。一方、設備など形のある資本のことを有形資本と呼びます。物的資本は有形資本と無形資本の両方から構成されています。

　労働者が生産物を生産するのに自らの労力に加え物的資本が欠かせないのは先に述べたとおりです。ある企業を一つとったとき、その企業で働く労働者 1 人が利用可能な物的資本の量をその企業における労働者 1 人当たり物的資本といいます。仮に労働が労働者数と一致すると仮定すると、労働者 1 人当たり物的資本は以下のようにして計算できます。

$$労働者 1 人当たり物的資本 = \frac{物的資本}{労働}$$

2-5-2　人的資本・社会資本

　経済成長論においてメインの資本は前述の物的資本ですが、経済成長に貢献する資本は物的資本だけではありません。経済成長論は実に様々な資本を考察しますが、以下では代表的なものを 2 つ説明します。

　まず、同じ 1 時間の労働でも、学校などで高度な技能を身につけた人とそうでない人では、生産への貢献の度合いが異なります。労働者の持つ技能も、生産に欠かすことができません。そしてその技能は、生産活動に従事しようと思ったときに急に得ることができるわけでなく、教育を通して過去から現在にかけて養われていくものであり、一種の資本といえます。

　労働者の持つ広い意味での（生産に貢献する）能力を人的資本といい、物的資本、社会資本と同様に、資本に含めます。本書では、生産に貢献する労働の（質も考慮した）総量は、以下のように、労働者数と労働時間の積としての労働量と人的資本水準の積となります。

> 質も考慮した労働の量＝労働×労働時間×人的資本

　人的資本は、人々の持つ様々な「能力」を表す抽象的な概念であり、設備などの物的資本と違い、価格がついたり市場で取引されたりするわけではなく、量的な把握も簡単ではありません。人的資本の持つ価値を数値化する方法については第 7 章で詳しく説明します。

　これまで述べた設備・機械や住宅といった物的資本は、通常民間企業が生産・供給しますが、生産物を作るには、企業が作る資本だけでなく、国や自治体などが整備する港湾や道路、上下水道、河川といった社会基盤施設も必要です。こういった施設は、その運用から利益を上げることが簡単ではありません。道路を例にとると、道路を管理して企業が利益を上げるには、その利用者から代金を徴収しなくてはなりません。ただ日本全域にくまなく張り巡らされた道路を人々がどのように利用するか把握をすることは、出入り口のはっきりした高速道路などを除き、ほぼ困難といえます。こういった、社会に必要ではあるものの利益のあがりにくい施設は、公共財として政府が供給します。政府が整備する社会基盤施設、いわば政府の提供する資本のことを社会資本、あるいは公的固定資産といいます。

2-6　生産性

　労働、そして資本といった生産要素が揃ったからと言って、すぐに生産物ができるわけではありません。生産要素をうまく組み合わせて使用し、最終的に付加価値のある生産物を生産するためには技術など、生産要素以外のものが必要です。

　第 4 章においても再度詳しく説明しますが、経済学においては、生産量の変動のうち、生産要素の変動では説明できない部分をまとめて生産性と呼びます。非常にわかりにくい定義ですが、生産要素を用いて最終的に生産物を生産する「能力」を総称したものといえます。

　本書において、ある企業の生産性はその企業の持つ技術の水準と、その企業において生産要素が用いられる際の効率性の双方に依存すると考えます。そもそも、「技術」とは、人々の生活に役立たせるために、その時代の最新の知識を用いて物を作る手段のことです（出典：新明解国語辞典（第七版、三省堂））。技術革新、あるいはイノベーションとは、この技術水準が上昇することと言えます。一方、効率性とは生産要素をいかに上手に使用しているかという程度を示す概念です。生産性の決まり方については第 8 章で詳しく説明します。

　国内で作られた生産物の価値を合計したものが国内総生産ですので、ある国の国内総生産の値は、その国における総労働量、総資本量、そして国全体の生産性によって決まると考えることができます。企業同様、ある国の生産性は、その国の持つ技術水準及びその国における生産要素の使用の効率性に依存します。

　経済成長論では、ある国における経済成長がその国における生産要素の量と生産性の持続的な増加によって達成されると考えます。生産要素や生産性の変動と経済成長とのかかわりを決める重要な概念が生産関数と呼ばれるものです。この生産関数については第 4 章で学びます。

2-7　資本蓄積のプロセス

　経済成長を分析するうえで欠かすことができないのが資本及びその変化です。本節では資本が増加していく仕組みについて説明します。

2-7-1　投資と資本減耗

　経済成長を実現する、つまり国内総生産を持続的に増やすためには生産要素を増やすことが必要です。資本を増やすことを資本蓄積といいます。以下では資本蓄積に影響を与える要因について説明します。

　一般的に、企業や家計が資本を増やすために設備や機械といった生産物を購入すること及びその量を投資といいます。通常、投資というと、利益を得るために株式などの金融資産を購入することとしてとらえますが、本書では資本の変化を示す概念として用います。資本が物的資本と社会資本、人的資本に分かれるのと同様、投資も物的資本投資、人的資本投資、社会資本投資のそれぞれに分かれます。

　物的資本は主に設備・住宅・在庫の３つから構成されていますが、これら３種類の物的資本への投資をそれぞれ設備投資、住宅投資、在庫投資といいます。一方、人的資本への投資（人的資本投資）には教育サービスや本などへの支出が含まれます。また、社会資本投資は公共投資とも呼ばれ、新たな道路の建設などが含まれます。

　今年から来年にかけてある額の投資を行ったからと言って、生産に貢献する生産要素としての資本の価値が同額増えるわけではありません。なぜなら、既存の資本の価値が時間とともに損なわれていくからです。物的資本に関して言えば、道具、例えばハサミを使い続けていると、錆びたり摩耗したりしてものを切りづらくなります。一方社会資本については、高速道路の老朽化が近年社会問題化しています。年月がたつにつれて資本の価値が減ることを資本減耗（capital depreciation）といいます。減価償却といわれることもあります。資本の価値の維持（メンテナンス）にかかる費用とも解釈できます。

　資本の蓄積に与える 2 要因（投資、資本減耗）のうち、投資はプラスに、そして資本減耗はマイナスに働きます。そしてその差が今年から来年にかけて資本が増加する量になります。つまり以下のような関係式が成立します。

　　今年から来年にかけての資本の変化量（資本蓄積）＝投資−資本減耗

　投資から資本減耗を除いた値を純投資とも言います。言葉の定義より、純投資とは今年から来年にかけて資本が増加する量と一致します。

2-7-2　資本蓄積と投資

　本項では資本の変化量に関する式を文字を使って表現してみましょう。以下では、資本として物的資本を想定します。今年の段階での（物的）資本を K、今年 1 年間に行う投資を I とします。また、変数の変化量を示す記号 Δ（デルタ）を用いて、資本が今年から来年にかけて変化する量を ΔK とします。この場合来年の資本の値は $K + \Delta K$ と表せます。

　資本減耗については、現存する資本のうち、毎年一定割合がその価値を失っていくと考えます。資本に占める減耗の割合を資本減耗率といい d と書きます。ある年における資本減耗の量は、その年における資本の量に資本減耗率をかけたものに等しくなります。資本減耗率は一定とします。今年から来年にかけ資本が減耗する量は現存する資本の量 K に比例し、比例定数は資本減耗率 d に等しいため、

　　資本減耗＝資本減耗率 d ×資本 K

となります。従って今年から来年にかけて資本が増加する量 ΔK、投資 I、そして今の資本量 K との間には以下のような関係式があります。

　　資本の変化量 ΔK ＝投資 I −資本減耗率 d ×資本 K

　このような、今の変数の値と将来の変数の値との関係を式で表したものを一般に差分方程式といいます。

　［例］今年の資本 K が 100［兆円］、投資 I が 30［兆円］、資本減耗率 d が 10 ％とする。既存の資本の価値が今年から来年にかけて $0.1 \times 100 = 10$ だけ損なわれるため、今年から来年にかけて増える資本 ΔK は $30 - 10 = 20$［兆円］となる。つまり来年の資本の量は $100 + 20 = 120$［兆円］となる。一方、投資 $I = 30$、資本減耗率 d $= 10$ ％という上と同じ状況において今の資本 K が 400 であったとすると、資本減耗の量は 40 であり、投資 30 を上回るため、今年から来年にかけ資本は減ることになり、変化量 ΔK は $30 - 40 = -10$ に等しい。投資の量を一定とすると、現時点での資本が少ない場合、資本は翌年にかけ増える一方、現時点での資本の量が多い場合は減ることになる。

2-8　生産要素の量的推移

　本節では、日本において生産要素の総量がどのように変化しているかについて説明します。

2-8-1　労働

　労働の量に最も大きな影響を与えるのが労働者数（就業者数）です。法律上働くことができる 15 歳以上の人口のうち、働く意思がある人の数を労働力人口、そしてそれ以外の人々の数を非労働力人口といいます。そして労働力人口のうち、実際働いている人の数を就業者数、働いていない人の数を（完全）失業者数と呼びます。近年は 70 歳を超えても働く高齢者が増えていますが、以前は 65 歳あるいはそれより若い年代で退職するのが通常であり、年金制度などでも 65 歳以前での退職が

想定されていました。そのような背景もあり、15 歳から 64 歳までの人口を生産年齢人口といいます。

図 2-1 は、生産年齢人口と就業者数の推移を示しています。生産年齢人口は 2000 年前後を境に減少傾向が続いていますが、就業者数は特にここ 10 年は増加傾向にあります。女性や高齢者の雇用が進んだことが背景にあると考えられます。

労働の量は、労働者数だけでなく、各労働者が働く時間にも依存しています。図 2-2 は、日本における 1989 年からの 30 年間にわたる 1 人当たり労働時間の推移です。具体的には 30 人以上の規模の事業所で働く常用労働者の 1 か月当たりの平均労働時間を示しています。この図によればこの労働時間は、2017 年現在、1 か月当たり約 150 時間、週 5 日勤務とすると 1 日平均 7〜8 時間となっています。諸外国に比べて日本人の労働時間は長いことが知られていますが、近年減少傾向にあることがわかります。なお、Boppart and Krusell（2020）によれば、同様の傾向は他の諸外国でも観測され、世界的にみると年平均 0.5 ％というわずかな値ですが、労働時間は年々短くなっています。

これら二つのグラフからもわかるように、ここ 30 年で日本において労働者数は約 10 ％増え、一方 1 人当たりの労働時間は約 20 ％減っています。トータルでみた場合、労働者数と労働時間の積としての労働の量は 10 ％程度減っているという計算になります。なお、生産に貢献する質で測った労働量は労働者の能力を示す人的資本の水準にも依存しますが、このことについては第 7 章で説明します。

2-8-2 資本（物的・社会）

次に資本、特に物的資本と社会資本の動向について示します。日本においては、内閣府が、物的資本（設備・住宅）及び社会資本の推移を、固定資本ストック統計として公表しており、図 2-3 はそれをグラフにしたものです。社会資本（公的固定資産）の量の伸びは安定しているものの、民間企業の持つ設備（民間企業設備）や住宅（民間住宅）の価値の

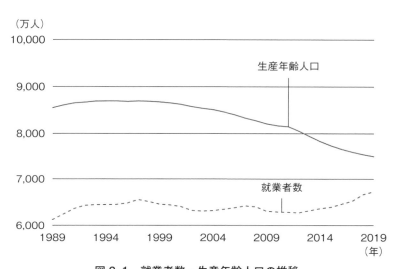

図 2-1　就業者数・生産年齢人口の推移
出典：総務省統計局労働力調査及び厚生労働省（2020）
　　　より作成

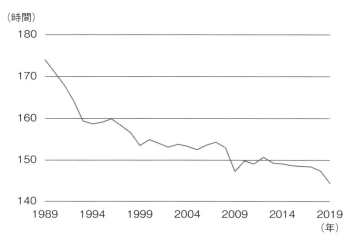

図 2-2　労働者 1 人当たりの平均月間労働時間数の推移
出典：労働政策研究・研修機構サイト（早わかり　グラフでみる長期労働統計図 1-1　常用労働者 1 人平
　　　均月間総実労働時間数）より作成

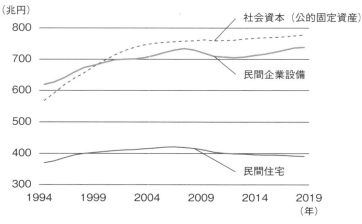

図 2-3　日本における設備・住宅・社会資本の推移
出典：内閣府　固定資本ストック速報より作成

増加率が低く、特に最近 10 年では伸びが弱いことがわかります。資本
の低迷については第 11 章でも触れます。

第 2 章のポイント

- 経済活動に携わる人や組織を経済主体といい、主に本書では家計・企業・政府・外国の 4 つを考える。

- 資本や労働など、生産物の生産のもとになるものを生産要素と呼ぶ。

- 生産物を新たに生産するために利用・使用される、過去から現在にかけて蓄積されたものを資本という。主に物的・人的・社会資本の 3 種類からなる。

- 生産物の生産の際に用いられる設備・住宅・在庫などを物的資本、港湾・河川などの社会基盤施設を社会資本という。

- 人々の持つ能力や知識の水準を人的資本という。

- 生産要素を用いて生産物を生産する能力を生産性と呼ぶ。

- 1 つの国の国内総生産の水準は、その国における生産要素の総量と生産性により決まる。

第3章

第3章

国内総生産のとらえ方

本章の目的は、国内総生産の長期的な変動の分析ですが、
この国内総生産には、単なる生産物の「総生産」以上の様々な意味があります。
ここではその意味について説明します。

3-1 生産の面からみた国内総生産

　ある国の国内総生産とは、その国の国内において、生産活動を通して1年間の間に生み出された付加価値の総額として定義されます。最終生産物の価値は、その生産物が生み出される過程で蓄積された付加価値の総計でもあるため、国内総生産は、その国で生産された最終生産物の生産総額の合計とも一致します。

　ある国の国内総生産とは、その国で生み出された生産物の総額であるとこれまで説明してきました。しかし、国内総生産には中間生産物の価値は含まれません。なぜなら、中間生産物の価値はすでに最終生産物の価値に含まれており、中間生産物と最終生産物を区別せず価値の総額を計算した場合、中間生産物の価値が2重あるいは3重に計算されてしまい、経済規模として正しい値を示さなくなるからです。

　なお、最終生産物を作る際、輸入品を中間生産物として用いた場合、この輸入品の持つ価値は国外で生み出されたものであり、国内総生産には含まれません。したがって、最終生産物の価値の合計として国内総生産を計算する場合、中間生産物として使用される輸入品の価値は除く必要があります。

　例：日本の企業Aは、日本の農家Bの作るりんごを70［万円］分

購入し、そのりんごを原材料（中間生産物）として最終生産物である ジャムを 80［万円］分作り、日本国内で販売するとする。りんごの生産にも中間生産物が必要だが、単純化のためそれらはないものとする。この場合、国内総生産に含まれるのは、農家 B の生み出す付加価値 70［万円］と企業 A の生み出す付加価値の 80 − 70 ＝ 10［万円］の合計 70 ＋ 10 ＝ 80［万円］であるが、これは最終生産物であるジャムの価値に等しい。なお、農家 B が外国の農家である場合、国内総生産に含まれる価値は企業 A の生み出す付加価値 10［万円］のみである。

　日本において国内総生産に関する統計は、内閣府の国民経済計算部という部署が作成しています。国内総生産の統計の体系をまとめて国民経済計算と呼びます。国内総生産には農家が自家消費した農産物の価値を組み入れるなど様々なルールがあります（これらのルールについては平口・稲葉（2020）を参考にして下さい）。

3-2　購入（支出）の面からみた国内総生産

　国内で作られた最終生産物は、国内・国外の経済主体によって需要され、購入（支出）されます。したがって、最終生産物の価値の合計である国内総生産は、経済主体による生産物の購入（支出）総額とも等しくなります。図 3-1 は、購入面から国内総生産がどう分類されるかを示したものです。以下ではこの分類について簡単に説明します。

3-2-1　内需

　国内の経済主体により購入される最終生産物の総額を内需（国内需要）と呼びます。内需は、民間の経済主体である家計や企業が購入する生産物の額を示す民間需要と、政府が購入する生産物の額を示す公的需要とにわかれます。公的需要のことを政府支出ともいいます。国民経済

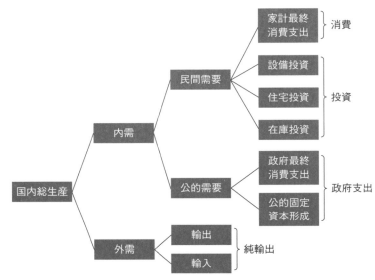

図 3-1　国内総生産の支出面での分類（概要）
出典：内閣府「国民経済計算」より作成
注：公的在庫変動はシェアが少ないため除外した。

計算においては、民間経済主体として家計、企業以外に民間非営利団体
も含まれますが、単純化のため本書では考えないものとします。

　民間経済主体である家計が（住宅以外の）生産物を購入すること、ま
たその購入額を消費（家計最終消費支出）といいます。消費には家計だ
けでなく民間非営利団体による購入も含まれ、国民経済計算は家計によ
る消費を家計最終消費支出、そして家計・民間非営利団体双方の購入を
含めた消費を民間最終消費支出と呼び区別します。簡略化のため本書で
はこの区別は省略します。

　民間需要は、この消費と、家計・企業による投資を合わせたもので
す。第 2 章で説明したように、投資は、企業が設備や機械を購入する設
備投資（民間企業設備）、企業や家計が住宅を購入する住宅投資（民間
住宅）、企業が在庫を増やす在庫投資（民間在庫変動）からなります。
また、資本にはソフトウェアなど形のない無形資産も含まれるため、こ

の無形資産への支出も投資に含まれます。国民経済計算上ではこういった投資を知的財産生産物と総称します。

　一方、政府支出（公的需要）は主に、政府が消費財を購入する政府最終消費支出と政府による社会基盤施設の購入である公的固定資本形成（公共投資）からなります。公共投資とは、政府が予算を組んで道路や港湾などの社会資本を「新たに」整備することです。厳密にいうと、政府支出には原油備蓄の増減など政府による在庫投資（公的在庫変動）も入りますが、割合が少ないため、本書では政府支出は政府最終消費支出と公共投資からなると考えます。民間部門の投資である住宅投資、設備投資と政府部門の投資である公共投資を合計したものを、国民経済計算は総固定資本形成と呼びます。

3-2-2　外需

　ある国で生み出された生産物を購入（支出）するのはその国の国内の経済主体（家計・企業・政府）だけではありません。ある国で作られた生産物を外国の経済主体が購入すること、及びその額を輸出といいます。

　一方、国内の経済主体による購入を示す消費、投資、政府支出には、国内で作られた生産物だけでなく、外国で作られた生産物への支出も含まれます。また輸出にも、外国産の中間生産物の価値が含まれます。一般的に、国内の経済主体が外国で作られた生産物を購入すること、またその額を輸入といいます。

　支出面でみた場合、国内総生産は国内の経済主体による需要（消費＋投資＋政府支出）に、外国の経済主体による需要（輸出）を加え、さらにそこから輸入を引いたものに等しくなります。したがって以下の式が成立します。

　国内総生産＝消費＋投資＋政府支出＋輸出−輸入　　　　　（3-1）

純輸出、1%

| 消費、55% | 投資、20% | 政府支出、24% |

図 3-2　日本の国内総生産の内訳（2017 年）
出典：内閣府「国民経済計算」より作成

　この（3-1）式を本書では GDP 恒等式といいます。ここで、輸出から輸入を引いたものを外需、または純輸出と呼ぶことがあります。図 3-2 は、2017 年における国内総生産（約 550 兆円）の支出面からみた内訳を示したものですが、その半分以上が消費であることがわかります。この傾向はここ 20 年であまり変化はありません。なお輸出が国内総生産に占める割合は約 18 ％です。

　上記の GDP 恒等式によれば、輸入が増えると国内総生産はちょうどその分減るように見えますが、その考え方は必ずしも正しくはありません。例えば A さんが外国から服を 2 万円分購入したとしましょう。これは確かに輸入に含まれますが、同時に消費にも入ります。つまり外国製品の購入は消費、輸入を同時に増やすため国内総生産には直接影響を与えません。そのことは、ある国の国内総生産がその国で生み出された生産物の価値の和であり、外国で作られた生産物の価値とは無関係であることからも明らかです。

　以上、国内総生産を購入面（支出面）からみてきましたが、もちろん、生産されたものがすべて誰かによって購入されるわけではなく、作っても売れずに在庫として店に残る場合もあります。しかし国内総生産を計測する際、売れ残った生産物の価値は「定義上」投資、具体的には在庫投資に含まれます。したがって計算上常に国内総生産は消費、投資、政府支出、そして純輸出の合計になります。

　以下では、消費と国内総生産の比率を平均消費性向、投資と国内総生産の比率を投資率、政府支出と国内総生産の比率を政府支出比率と呼ぶことにします。ここで、外国との取引を考慮しない場合、国内総生産は消費、投資、政府支出の和に等しくなるため、上にあげた 3 つの割合の

合計は 1 となります。したがって、投資率は平均消費性向、政府支出比率を用いて以下のように表せます。

投資率＝1－平均消費性向－政府支出比率

のちに詳しく説明しますが、経済成長のメカニズムを考える際、投資率が重要な役割を果たします。

3-3　所得（分配）の面からみた国内総生産

これまで説明してきたように、国内総生産は生産の際に発生する付加価値の合計であり、同時に経済主体による支出の総額でもあります。しかし、国内総生産にはさらにもう一つ別の側面があります。

ある企業により作られた財が経済主体によって購入された場合、その財の売り上げの一部は、生産物の生産に必要な中間生産物を作った別の企業への支払いや、労働者への人件費の支払いに充てられ、残りが企業の利益になります。企業の利益は、その企業を所有する株主にとっての配当所得などになります。中間生産物を作った企業の売り上げも同様に、労働者の賃金やその企業の利益になります。つまり、国内総生産は様々な所得の合計、つまり国内総所得としてもとらえることができます。特に家計が受け取る所得を雇用者報酬といいます。

一般に、経済活動で生み出された価値が様々な経済主体に所得として配分されることを分配といいます。そして国内総生産は生産面・購入面（支出面）・分配面のどの面から合計しても同じ値になります。これを三面等価の原則といいます。

なお、国内総生産に類似する概念として、日本に居住する人や企業が得る所得の合計を表す国民総所得（GNI）というものがあります。日本の居住者が外国で経済活動をすることにより得る所得は、外国で生み出された付加価値に対応するものであり、日本の国内総生産には含まれま

せん。一方、外国の居住者が日本国内で経済活動をすることにより得る所得は、日本国内での生産活動に起因するものなので日本の国内総生産に含まれています。したがって、日本の GNI は、日本の GDP に、日本の居住者が海外で得る所得を加え、そして外国の居住者が日本で得る所得を除くことで求めることができます。

この GNI を鈴木（2014）は、「日本人のもうけ」と表現しています。2013 年に当時の安倍晋三政権が、成長戦略として 1 人当たり GNI（2012年現在約 400 万円）を 10 年間で 150 万円増やすことを目標に掲げました。GDP でなく GNI を目標にするのは、鈴木（2014）が述べているように、日本国内で人口が減少し、生産構造の拠点を海外におく企業も増えていく中、海外市場からの収益の重要性が増していることが背景にあります。このように、GNI と GDP は大きく違う概念ですが、本書においては、単純化のため、ある国の GDP は、その国の居住者の総所得と（ほぼ）同じであると考えます。

3-4　投資と貯蓄の関係

資本蓄積の源泉となる投資は、貯蓄と強いかかわりがあります。本節においてはそのかかわりについて、先述の GDP 恒等式（(3-1) 式）を用いて説明します。

3-4-1　閉鎖経済の場合

ここでは簡単のため、外国との貿易を考えない一種の鎖国状態を考えます。経済学では貿易を行わない経済を閉鎖経済といいます。この場合、輸出も輸入も仮定よりゼロとなります。

すでに説明したように、貯蓄とは、可処分所得のうち消費に回らない部分を指します。国内総生産には、国内の所得の合計（国内総所得）としての一面もあるため、国内総生産から税と消費を引いたものは、家計を含む民間経済主体の貯蓄の合計（民間貯蓄）となります。式で書くと

$$民間貯蓄＝（国内総生産－消費）－税 \qquad (3\text{-}2)$$

GDP 恒等式つまり（3-1）式によれば、貿易を考えない場合、国内総生産は消費と投資、そして政府支出の和に等しくなります。つまり投資は以下のように表されます。

$$投資＝（国内総生産－消費）－政府支出 \qquad (3\text{-}3)$$

ここで、（3-2）式と（3-3）式において貯蓄と投資はともに「国内総生産－消費」という項を含むことがわかります。両式より、貯蓄と投資との間には以下の関係式が成り立ちます。

$$民間貯蓄＋（税－政府支出）＝投資 \qquad (3\text{-}4)$$

ここで、（3-4）式左辺の税収－政府支出は、政府の収入のうち、支出に回らなかった部分、つまり財政黒字となります。財政黒字は政府部門の貯蓄（政府貯蓄）といえ、左辺は政府、民間を含めた国全体の貯蓄と考えることができます。つまり、（3-4）式は国全体で見たときの投資が国全体の貯蓄と一致するということを示しています。この結果は、のちに第 5 章において経済成長モデルを構築する際に用います。

3-4-2　グローバル経済の場合

前項での分析では、外国との取引がないものと考えていましたが、外国とのお金やもののやりとりがある場合、投資のための資金は必ずしも国内の貯蓄によって賄われるわけではありません。日本においても世界各国から投資資金が流入しています。諸外国と貿易が自由に行われる場合、一般的に、貯蓄と投資は一致しません。GDP 恒等式より、輸出入を考える場合、投資は以下のように表せます。

投資＝国内総生産－消費－政府支出－（輸出－輸入）

　ここで、輸入から輸出を引いた値を貿易赤字、そして民間貯蓄と政府貯蓄の合計を貯蓄と呼ぶことにすると、投資と貯蓄の間には以下の関係式が成立します。

貯蓄＋（税－政府支出）＋貿易赤字＝投資

　自由に貿易ができる場合、貯蓄の額が不十分でも貿易収支を赤字にすることでその投資を行うことが可能になります。つまり貯蓄と投資は国単位では必ずしも一致しません。理論経済学的には、国際間の資金移動が完全に自由である場合、世界全体でみたときの投資と貯蓄は一致しますが、一国の投資と貯蓄は無関係となります。

　しかしながら、理論上の結論は現実には成立せず、貯蓄と投資は国レベルでも密接に関わっていることが知られています。近年、現実社会においてはグローバル化が進み、国際間の生産物やお金の流れは年々規模が拡大していますが、それでも一つの国の貯蓄と投資との間には強い正の相関があります。

　図3-3は、世界各国の貯蓄率と投資率を散布図で示したものです。投資率と同様、貯蓄率は貯蓄を国内総生産で割った比率として求めています（図における3文字のアルファベットは国名の略号であり、対応関係については巻末（巻-1）を参考にしてください）。投資率と貯蓄率ともに、1989年から2019年間にかけての30年間の平均をとっています。この図をみると、両者の間には正の相関があることがわかります。

　一般的に、貯蓄率と投資率の高い相関を、それを最初に発見した論文であるFeldstein and Horioka（1980）にちなみ、フェルドシュタイン－ホリオカの謎といいます。国際間の資金の移動は、経済理論が予想するほど完全ではなく、通常国内の投資の相当部分は国内の貯蓄でまかなっているということをこの結果は示唆しています。

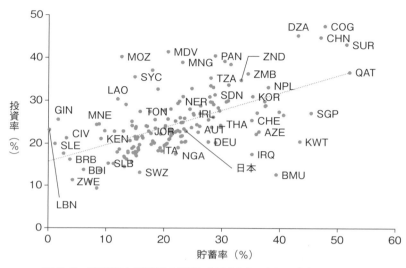

図 3-3　投資率と貯蓄率の関係（1989 年 -2019 年）
出典：世界銀行ウェブサイト（World Bank Open Data）より作成

3-4-3　ライフサイクル仮説と貯蓄

　ある国の投資の動向は、その国の貯蓄の動向に大きく影響されます。経済学においては、人々がどのように消費し、貯蓄するかということを、動学的な観点から考察します。その代表的な考え方がライフサイクル仮説です。このライフサイクル仮説とは、「現在から将来にかけての所得の合計が、同じく現在から将来にかけての消費の合計に等しくなる」という予算面での条件のもと、人々が「上手に」消費計画を決めるという考え方です。経済学とは、限られた資源や時間をどう上手に配分するか分析する学問であるともいわれますが、ライフサイクル仮説は、経済理論の消費選択問題への応用と考えることができます。

　私たちの受け取る所得は通常年により変化します。特に定年後は所得が給与所得から年金所得に変わり、その額が減るのが通常です。しかしそれでも私たちは、所得の減少に合わせ、消費の値を大きく変えるのを好まない傾向があります。これを消費の平準化といいます。消費額の大

きな変動は生活水準の変化につながりますが、生活水準はできるだけ安定していたほうがいいと考える人は多いのではないでしょうか。そのため、ライフサイクル仮説において人々は、消費の値を毎年あまり変化させないように貯蓄計画を立てると考えます。

　ライフサイクル仮説に基づくと、若年世代は働いて所得を稼ぎ、そしてそれをすべて消費に回すことなく、所得が減少する老年期に備えて貯蓄をします。そして老年世代は若年期にためたお金を消費に回します。つまりこの仮説によれば、若年世代の平均消費性向は老年世代の平均消費性向より高くなるはずです。図 3-4 は、日本における 2018 年段階での 2 人以上勤労者世帯の世帯主の世代別平均消費性向を示したものです。確かに世帯主の年齢が上がるにつれて平均消費性向は上がっており、ライフサイクル仮説と整合的であることがわかります。

　日本は近年急速な高齢化が進んでいます。ライフサイクル仮説によれば、高齢化が進むにつれ、国全体で見た平均消費性向は上がり、貯蓄率が下がっていくことが予想されます。図 3-3 が示すように日本の投資率は現時点では中程度ですが、今後はさらに下がる恐れがあります。

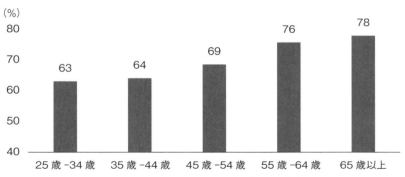

図 3-4　世代別平均消費性向（2018 年）
出典：総務省「家計調査」より作成

3-5　実質国内総生産と名目国内総生産

　ある年（T 年とします）の国内総生産を最終生産物の価値の合計として計算する際、各生産物の T 年における生産量に、T 年の価格をかけて価値を計算し、足し合わせるのが一見自然のように思われます。しかし、このようにして計算する場合、たとえある国の国内総生産が増えたからと言ってその国の経済規模、特に経済の量的規模が昔に比べて増大し、豊かになったとはいえないケースが発生してしまいます。

　以下では、簡単な例として、A、B の 2 つの最終生産物のみを生産・消費している経済を考えます。この 2 つの生産物は、年月が経ってもその質に変化は全くないものとします。表 3-1 は、この 2 つの生産物が2020 年と 2021 年の 2 年間でどのように生産され、そして価格はいくらで取引されたのかを示しています。表によれば、この 2 年間で、生産物の量はともに増え、一方価格は下がっています。

　ここで、各年における国内総生産を、その年の生産物の価格を用いて計算すると

　　2020 年：10 個 × ¥120 + 9 個 × ¥300 = ¥3900

　　2021 年：12 個 × ¥100 + 10 個 × ¥200 = ¥3200

となり、2021 年の国内総生産の方が少ないことになります。しかしその分国民が貧しくなったとは言えません。なぜなら、生産物の数量が、ともに増えているからです。国内総生産が減ってしまったのは、2 つの生産物の値段が下がったからにほかなりません。

　ここで、基準となる年を 2020 年とし、2020 年における生産物の価格

表 3-1　2 つの生産物からなる社会の取引の状況

生産物の種類		2020 年	2021 年
A	量	10 個	12 個
	価格	¥120	¥100
B	量	9 個	10 個
	価格	¥300	¥200

を使って、各年の国内総生産を計算すると、2020 年の国内総生産の値は上と同じですが、2021 年の国内総生産の値は以下のようになります。

2021 年（2020 年基準）：12 個 × ¥120 ＋ 10 個 × ¥300 ＝ 4440

このように計算すると、確かに 2021 年の国内総生産は 2020 年の国内総生産を上回っており、国内総生産の値の変化は、国の経済規模の真の変化をより正確に表しているといえます。

一般的に、生産物の価格をある基準年における値に固定して価値を求めることによって得る国内総生産のことを実質国内総生産といいます。反対に、各年の価格を使って計算できる国内総生産のことを名目国内総生産といいます。名目国内総生産よりも実質国内総生産の方が、国の豊かさの時間経過に伴う変化をより正確に描写できます。以下の記事（日本経済新聞電子版（2022））のように、国内総生産についての各種報道は、実質に関するものがほとんどです。

新聞記事 1：10〜12 月 GDP、実質年率 5.4 ％増　2 期ぶりプラス成長（日本経済新聞電子版 2022 年 2 月 15 日）内閣府が 15 日発表した 2021 年 10〜12 月期の国内総生産（GDP）速報値は物価変動の影響を除いた実質の季節調整値で前期比 1.3 ％増、年率換算で 5.4 ％増となった。2 四半期ぶりのプラスだった。新型コロナウイルス対策の緊急事態宣言の解除で個人消費や設備投資が回復し全体を押し上げた。（後略）

3-6　国内総生産と潜在国内総生産

通常ニュースで国内総生産の動向が報道される際、個人消費が何パーセント増えた、あるいは投資が何パーセント変化したなど、支出面に着目して、経済成長率の変化の要因について説明がなされます。特に個人消費に力点がおかれるケースが多くなっています。

国内総生産は支出面でみたときに主に消費や投資からなるわけですか

ら、その分析に誤りはありません。しかし、持続的な経済成長に必要なことは、消費を増やし続けることではありません。経済成長が続けば自然と消費は増えていきますが、その逆に、単に消費を増やし続けることにより経済成長を実現するのは不可能です。

　仮に、日本の平均的家計が、時間とともに質が変化しない財、例えばりんごを毎月 20 個食べていたとします。このりんごの消費量を各家計がこれから毎年 5 ％ずつ増やしていけば、それは長期的な消費の増加、ひいては（1 人当たり）国内総生産の増加につながります。しかし、全く同じりんごの消費量を、生産面の状況がかわらない中、各世帯が何十年も増やし続けることは不可能です。その大きな理由は、りんごの生産量に限界があるからです。

　経済学においては、国の長期的な国内総生産の趨勢を決める要因は、その国の人々や企業がいかに支出するかではなく、その国の長期的な供給（生産）能力にあると考えます。国において利用可能な労働者や資源を最大限利用したときに生産できる量をその国の潜在国内総生産（潜在 GDP）と呼び、これが国の長期的な生産（供給）能力を表すと考えます。なお、「最大限」の利用と書きましたが、潜在国内総生産を計算する際、労働者は物理的な限界まで強引に働かせると考えて求めるわけではなく、労働者が希望する量だけ働くという、第 1 章で述べた完全かつ生産的な雇用の状況を想定して求めます。長期的な経済成長は潜在国内総生産が増加することによりはじめて実現可能となります。

　一般に、潜在国内総生産は実際の国内総生産と異なる値をとります。例えば台風などの自然災害が起き、店が休業したとすると、店のサービス供給能力よりも、国内総生産にカウントされる実際の販売額の方がはるかに低い値をとります。こういった状況において、国内総生産は潜在国内総生産の値を下回ります。

　潜在国内総生産の増加率のことを潜在成長率といいます。潜在成長率は、生産要素の量や生産性を推計することで求めます。日本においては、内閣府や日銀が潜在成長率の推計を行っています。川本・尾崎・加

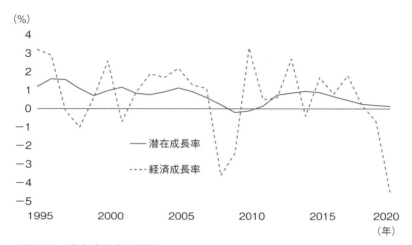

図 3-5　潜在成長率の推移
出所：日本銀行データサイト「需給ギャップと潜在成長率」及び内閣府国民経済計算より作成。

藤・前橋（2017）においてその推計方法が詳しく説明されています。図3-5 は日銀の公開している潜在成長率のデータの推移を、実際の経済成長率と比較して示したものです。潜在成長率の動きは実際の経済成長率の平均的な動きと似ていることがわかります。

　経済成長を分析する際は、本来であればこの潜在成長率をデータとして使うことが望ましいですが、潜在成長率の長期的推移を、特に国際比較可能な形で導出することは容易ではないため、本書においては、経済成長率の長期的・平均的な動きと潜在成長率の動きが一致するものとみなします。

3-7　国内総生産の国際比較

　国内総生産の統計を作成する理由の一つに、自国がほかの国に比べてどの程度豊かなのかについて情報を得るということがあります。以下では使用する通貨が異なる世界各国の国内総生産の水準を比較する方法を

説明します。

3-7-1　為替レート

　異なる通貨建てで計算された世界各国の国内総生産を比較する方法として最も簡単なものが為替レートを用いた換算です。内閣府の国民経済計算年次推計においては為替レートを用いて日本の1人当たり国内総生産をドル表記し、その値を他国と比較しランキングを作成しています。

　例えば2020年においては日本の1人当たり国内総生産は約430万円であり、これを為替レート（東京市場の為替レートの2020年の12か月間の平均値）1ドル107円を用いてドルに換算すると約4万ドルとなります。この計算によると、日本の1人当たり国内総生産は2020年現在世界で19位となります。国内総生産自体でみるとアメリカ、中国に次ぐ第3位の日本も、1人当たりでみるとかなり低い順位となっています。以下の記事（日本経済新聞電子版（2021d））が明らかにしているように、数年後はアジアの他の国に追い抜かれることが予想されています。

> 新聞記事2：1人当たりGDP、日本は19位　20年度推計（日本経済新聞電子版2021年12月24日）内閣府が24日発表した2020年度の国民経済計算年次推計によると、国別の豊かさの目安となる1人当たり名目GDPは20年（暦年）で4万48ドル（約428万円）となり、経済協力開発機構（OECD）加盟38カ国中19位だった。日本経済研究センターの予測では日本の1人当たり名目GDPは27年に韓国、28年に台湾を下回る。高齢者人口の増加に加え、デジタル化の遅れに起因する労働生産性の伸びの弱さが主因だ。22位の韓国との差は19年に比べ縮まっており、日本の低迷が続けば日韓逆転が現実となる。（後略）

　しかしながら、為替レートを用いて国内総生産の値を国際比較することには、豊かさの比較という点で問題があります。例として日本とアメ

リカの 1 人当たり国内総生産（＝ 1 人当たり所得）がそれぞれ 300 万円、3 万ドルであり、かつ外国為替市場での為替レートが 1 ドル 100 円であるケースを考えましょう。アメリカの 1 人当たり国内総生産を為替レートにより日本円に換算すると 300 万円となりますので、アメリカの国内総生産は日本と同じになります。しかし、この計算をもとに、アメリカの人々と日本の人々の生活水準は同程度であると結論づけることはできません。

　ここで、日本人とアメリカ人が、ともに同質の生産物 1 種類のみを生産・消費して生活している状況を考えます（実際人々は無数の種類の品物を消費していますが、議論をできるだけ簡単にするため 1 種類とします）。ここではこの生産物をりんごと呼ぶことにします。日本ではりんごの値段が 1 個 100 円で、かつアメリカではりんごの値段が 1 個 1.2 ドルであるとします。生産物が仮定より 1 種類しかないため、両国の生活水準は、1 人当たり所得で買えるりんごの数で評価できます。日本人が 1 人当たりで稼ぐお金 300 万円を用いて日本で買えるりんごの数は 300（万円）÷ 100（円/個）＝ 3 万（個）である一方、アメリカ人が 1 人当たりで稼ぐ所得 3 万ドルを用いてアメリカで買えるりんごの数は 3 万（ドル）÷ 1.2（ドル/個）＝ 2 万 5000（個）しかありません。この場合、「生活水準」でみると日本人の方が 3 万（個）÷ 2.5 万（個）＝ 1.2 倍豊かな生活を送れることになります。

　なぜこのような結果になったかというと、換算の際に用いた 1 ドル＝ 100 円の為替レートが、必ずしも豊かさの比率を反映していないため、つまり 1 ドル紙幣を用いてアメリカで手に入れられる生産物の量と、その紙幣を金融市場にて両替して得られる日本円 100 円を用いて日本で得られる生産物の量が一致していないためです。為替レートは、金利差など様々な要因で変化するため、必ずしも物価の違いのみを反映しているとは言えないのです。

3–7–2　購買力平価

　為替レートの持つ前述の問題を解決するために用いられる考え方が購買力平価です。以下ではこの購買力平価について説明します。まず、人々が暮らしていくために 1 か月当たり必要になる生産物の種類と量、例えば、「水 100L ＋卵 30 個＋小麦 20kg ＋…＋服 10 着」を決めこれを固定します。これを以下では（1 単位の）生産物バスケットと呼ぶことにします。

　次に、世界各国において、この同じ生産物バスケットを購入するのにかかる費用が各国通貨建てでいくらかかるか計算します。ここで例えば日本では 12 万円、アメリカでは 1000 ドルかかったとすると、「12 万円相当の豊かさを手に入れるのにアメリカでは 1000 ドルかかる」と解釈できます。つまり、アメリカで 1 ドルを出して購入できる生産物バスケットの量を日本で手に入れるには 12 万÷1000 ＝ 120 円必要ということになります。そして、異なる通貨である 1 ドルと 120 円は豊かさの観点で同じ価値を持つと考え、これを一種の為替レートとみなして国内総生産を比較するのです。これが購買力平価の考え方です。2021 年の段階で、購買力平価でみた場合の 1 ドルの価値は約 98 円となります。2021 年における為替レートが平均 1 ドル約 104 円であるため、為替レートよりは円高であったということになります。つまり為替レートで換算するよりも購買力平価で換算した方が 1 人当たり国内総生産の（ドル建ての）値が高くなります。

　購買力平価と為替レートに関係がないわけではもちろんありません。ここで、先と同様、日本とアメリカが 1 種類の財（りんご）のみを生産・消費している状況を考えます。このりんごは自由に両国間で輸出入可能であり、関税等、貿易・輸送にかかる費用をゼロとします。また、りんごの値段は日本で 120 円、アメリカで 1 ドルであり、かつ為替レートが 1 ドル 100 円であるとします。この場合、購買力平価でみた 1 ドルは日本円にして 120 円です。なぜならアメリカにおいて 1 ドルで買える品物はりんご 1 個であり、同じ量の財を日本で購入するのに必要なお金

は日本円で 120 円だからです。このとき、日本人にとっては、1 個 120
円を出し日本でりんごを買うよりも、100 円を外国為替市場で 1 ドルに
換えてアメリカでりんごを 1 個買った方が、りんご 1 個当たり 20 円だ
け安くつきます。よって日本のりんごの需要は減少し理論上りんごの値
段は下がります。このことは、購買力平価のレートが円高になること、
つまり為替レートに近づくことを意味します。もし財がすべて貿易可能
であり、かつ輸送費がゼロなら、為替レートと購買力平価は理論上一致
します。しかし輸送費はゼロでなく、また貿易できない生産物も多くあ
るため為替レートと購買力平価は実際は一致しません。

　表 3-2 は、IMF 公表のデータに基づき、購買力平価でみた 2021 年時
点での世界の 1 人当たり国内総生産のランキングを示したものです。そ
れによれば日本の順位は 29 位となっています。20 年前の 2001 年時点
では順位が 28 位でしたので順位はあまり変わっていません。なお、人
口が少ない国のほうが 1 人当たり国内総生産は高く出る傾向がありま
す。山下（2021）は例としてランキング 1 位のルクセンブルク（人口約
60 万人）を考え、この国の 1 人当たり国内総生産が高い理由の一つと
して、周りのヨーロッパ諸国から通勤で入国する労働者が多いことを挙
げています。山下（2021）によると、人口 5000 万人以上の国に絞って

表 3-2　国内総生産のランキング（2021 年：購買力平価）

出所：IMF world economic outlook database より作成

順位	国	1 人当たり国内総生産	2001 年の順位
1	ルクセンブルグ	1244 万円	4 位
2	アイルランド	1094 万円	15 位
3	シンガポール	1058 万円	8 位
4	カタール	983 万円	2 位
8	アメリカ	682 万円	11 位
14	ドイツ	571 万円	19 位
21	フランス	500 万円	24 位
23	イギリス	478 万円	29 位
29	日本	441 万円	28 位

1人当たり国内総生産のランキングを作ると日本はドイツやフランスなどに続く第6位となります。ただいずれにせよ主要5か国（日米英仏独）でみると日本は最下位です。

3-8　国内総生産統計の課題と今後

　国内総生産を用いて豊かさをとらえるという考え方には昔から批判があります。本節ではこの批判や、批判への対応について説明します。

3-8-1　国内総生産統計への批判

　国内総生産への批判として近年多いのが、国内総生産が経済活動をすべてとらえきれていないというものです。近年私たちは、インターネットのサービスを頻繁に利用しており、それによる生活水準の向上は驚くべきものがあります。インターネットでは、検索機能やSNS、メールの利用など、その多くが無料です。しかし、国内総生産は、原則として値段のつく品物の取引のみを計上します。つまりインターネット上の無料のサービスをいくら利用しても、その行為が国内総生産を直接増やすことは、通常電気代などを除き原則としてありません。企業がウェブサイトに広告を出す場合、企業はサイトの運営会社などにお金を払いますが、広告料金に私たちのインターネット利用という活動の対価がすべて反映されているわけではありません。

　無料で利用できるサービスはインターネットだけではありません。Tett（2018）が指摘しているように、カメラによる撮影もスマートフォンがあれば無料で行えます。昔は、撮影のためにはまずフィルムを店で買い、その後、そのフィルムを写真店に持ち込み料金を払って現像してもらう必要がありましたが、今はスマートフォンがあれば、無料で撮影することができ、端末上であればその写真を見ることも無料です。無料のものが増えている中、有料なもののみをカウントする国内総生産では、国の豊かさを本当に反映できない恐れがあります。

　さらに環境面での批判もあります。SDGs のところでも説明したように、私たちはこれから「持続可能な」経済成長を考えていかなくてはなりませんが、生産活動に伴い汚染物質が排出されたとすると、それだけ社会の持続可能性に負の影響がもたらされます。しかし国内総生産にカウントされるのは生産活動で付加価値が発生する部分のみであり、汚染物質の発生に伴う持続性への損害は一切考慮されません。国内総生産の変化のみを見て持続的な経済成長を考えることは、今後難しくなっていくでしょう。

　経済社会システム総合研究所が日本、ドイツ、アメリカを対象にして行った意識調査（経済社会システム総合研究所（2021））によれば、所得だけでなく、健康面や持続可能性が生活への満足度に影響していることが明らかになりました。この結果をもとに、経済社会システム総合研究所会長の小林喜光氏は、今後国の目標を国内総生産で測るのは不十分であると述べています（出典：日本経済新聞（2021c））。

　一方、経済学者のグレゴリー・マンキュー氏がサイエンス誌（Mankiw（2016））で述べているように、国内総生産は「格差を無視」していると批判されることも少なくありません。マンキュー氏の例にならい、完全平等で皆の 1 人当たり所得が 390 万円である A 国と、人口の 10 ％の所得が年 3000 万円で残りの 90 ％の人々の所得が年 100 万円である B 国を比べてみましょう。どちらもともに 1 人当たり平均所得は 390 万円となりますが、両国の経済状況が同程度であるとは当然ながらいえません。国内総生産は、経済規模の合計を示しているものの、それにより所得分配の状況を知ることはできません。Mankiw（2016）がいうように、1 つの指標のみで一国の経済状況を「すべて」把握することは不可能といえます。

3-8-2　新たな指標開発の取り組み

　経済学は先述の批判をすべて無視しているわけではありません。例えば近年では、無料のサービスが生み出す「価値」を数値化する研究も進

んでいます。その一つが、ミクロ経済学における「消費者余剰」の考え方の応用です。ミクロ経済学において人々は、品物に対し「価値」を見出しており、その価値が価格より上回っていたら品物を買うと考えます。例えば、消費者が、ある生産物に対して 1 個当たり 120 円の価値を見出しているとします。この場合、もしその生産物の値段が 110 円だと、お金を支払い購入することで、1 個当たり「差し引き」120 − 110 ＝ 10 円の得をするといえます。この部分を消費者余剰といい、近年では消費者余剰の考え方に着目して国内総生産の範囲を広げようとする研究が行われています（参考：日本経済新聞電子版（2018a, 2021a））。

　例えば、山口・坂口・彌永（2018）は、ウェブ上における情報発信により発生する消費者余剰が日本の国内総生産の 3 ％近くになるということを明らかにしました。これから無料のサービスというのはますます増えていくことが予想され、消費者余剰をもとに国内総生産の統計を再構築することは意義のあることといえます。先述の Tett（2018）も紹介していますが、アメリカにおいても、Brynjolfsson, Collis, Diewert, Eggers and Fox（2019）などが SNS のもたらす価値をお金に換算する研究を進めています。

　さらに環境の負荷を国内総生産に組み入れる取り組みも進んでいます。それは、グリーン GDP と呼ばれるものです。以下の日本経済新聞の記事（日本経済新聞（2021b））に示すように、内閣府は二酸化炭素の排出に伴う地球への悪影響、つまり社会全体で考えた場合の付加価値の減少を考慮した国内総生産の統計を作る取り組みを進めています。

新聞記事 3：『経済成長に CO_2 排出量を加味、グリーン GDP を検討　政府が新指標』（2021 年 08 月 12 日 日本経済新聞　朝刊）
　政府は、温暖化ガスの排出削減の進捗度合いと国内総生産（GDP）を組み合わせた新たな指標をつくる。既存の GDP とは別に算出した「グリーン GDP」と位置づける。日本は近年排出量が減っており、新指標の成長率は上振れする見通しだ。世界で脱炭素が加速す

るなか、日本の取り組みを経済成長も絡めた視点で示す。GDP は
その国の経済規模や景気動向をみる代表的な経済指標の一つだが、
とらえられていない要素も多い。環境分野では、結果としてどれだ
け二酸化炭素を排出したかという部分のほか、企業が取り組んだ環
境保護活動などが反映されない。新指標のグリーン GDP は国内で
排出される温暖化ガスの量を調べ、実際の GDP 成長率に当てはめ
て増減を示す。排出量が増えれば成長率は下振れし、企業などが削
減努力を進めれば成長率は上振れする。（後略）

　経済成長を分析する際は、国際比較可能な長期時系列データが必要で
すが、残念ながら現時点において、本節で述べたような国内総生産の欠
点を補うようなデータは整備されていません。したがって本書において
は引き続き国内総生産の統計を用いて経済成長の分析を行います。

第 3 章のポイント
- 国内総生産には、①付加価値の合計、②最終生産物の価値の
  合計、③所得の合計としての側面がある。
- 支出の項目からみると国内総生産は「消費＋投資＋政府支出
  ＋輸出−輸入」に等しい。これを GDP 恒等式という。
- 実質国内総生産とは、生産物の価格を基準年に固定して付加
  価値の合計を計算したものである。経済成長は実質国内総生
  産の増加の度合いで測る。
- 異なる通貨建ての国内総生産を比較する際は、為替レート、
  あるいは購買力平価を用いて行う。
- 国内総生産には所得格差を無視している、あるいは無料の経
  済活動を把握していないといった問題がある。

第4章

生産と生産要素との関係：
生産関数

本章においては、生産量と生産要素、生産性との関係を、生産関数という考え方を用いて定式化します。この定式化はのちに経済成長のプロセスを経済理論的に分析する際に使用されます。

4-1　変数・モデル・関数

　経済成長の分析をする際、国内総生産、資本、労働、消費といったマクロ経済に関する様々な量がどう関わりあい、そして時間とともにどう変化するかを考える必要があります。本書においては、時間や様々な条件とともに値を変化させる量を変数と総称し、特に経済にかかわる変数を経済変数といいます。式の表記を簡単化するため、変数のそれぞれをアルファベット（X など）で表すことがあります。また、ある年から次の年にかけて、変数 X の値が変化する量を、変化を示す記号Δ（デルタ）を用いてΔX と表します。変化する前の変数の値が X であり、その変化量をΔX としたとき、その変化「率」は変化量を変化前の水準で割ったもの、つまり$\Delta X \div X = \dfrac{\Delta X}{X}$として表せます。

　以下では例として、変数 X を日本の（名目）国内総生産の値（単位：兆円）とします。また、t 年における変数 X の値を、下添え字を使って X_t のように表します。日本の国内総生産は 2018 年、2019 年にそれぞれ 557 兆円、560 兆円でした。この場合記号 X を用いて、各年の国内総生産の値を $X_{2018} = 557, X_{2019} = 560$ のように表すことができます。この例の場合、2018 年から 2019 年までの 1 年間で国内総生産が変化（この場合は増加）した量ΔX は以下のように求められます。

$$\Delta X = X_{2019} - X_{2018} = 560 - 557 = 3$$

したがって、2018 年から 19 年にかけての国内総生産の変化率は

$$\frac{\Delta X}{X} = \frac{X_{2019} - X_{2018}}{X_{2018}} = \frac{3}{557} = 約\ 0.54\ \%$$

として計算できます。これが 2019 年における経済成長率です。

　経済社会には、無数の家計、企業が、多数の生産物の製造・販売・そして購入の活動を行っており、その動きはとても複雑です。したがって、本書においては、家計、企業の動きを簡素化・抽象化して分析することがあります。経済変数の動きを簡略化して示したものを経済モデルといいます。第 3 章の実質国内総生産を説明するところで、2 種類の財しか存在しない非現実的な社会を想定しましたが、これは経済モデルの一種といえます。

　経済モデルにおいては、様々な経済変数同士の関わり合いが描写されます。そのときに関数の考え方をよく用います。一般に、ある変数 X の値が決まったとき、別の変数 Y の値が一つに決まるようなとき、変数 Y は変数 X の関数であるといいます。Y と X とが関数の関係にあるということを、関数を示すアルファベット（例として f とします）と用いて $Y=f(X)$ と書きます。例えば、正方形の辺の長さを X、面積を Y とすると、Y は X の関数であり、この関数は具体的には $Y=f(X)=X^2$ と表せます。

　経済モデルは、変数 Y の値を決める変数 X の種類が 2 種類以上あるケースも取り扱います。例えば、2 つの変数 X_1 と X_2 の値が両方決まってはじめて別の変数 Y の値が決まる場合、変数 Y は（2 つの）変数 X_1, X_2 の関数、特に 2 変数関数といい、関数を示すアルファベット（例として F とします）を用いて $Y=F(X_1, X_2)$ と書きます。一方、変数 Y が変数 X のみの関数である場合、この関数を 1 変数関数といいま

す。例えば、長方形の縦の長さを X_1、横の長さを X_2、そしてその周り
の長さを Y とすると、Y は X_1 及び X_2 の関数であり、この関数は $Y = F(X_1, X_2) = 2 \times (X_1 + X_2)$ と表せます。

4-2　生産関数

　経済成長モデルにおいては、生産と生産要素との関係を示す、生産関
数と呼ばれる関数が重要な役割を果たします。ここでは生産関数の性質
について説明します。

4-2-1　生産関数の定義

　各企業の生み出す付加価値の量（生産量）は、その企業が利用する生
産要素とその企業が持つ生産性に依存します。経済学では、生産要素及
び生産性と付加価値の量との間に関数の関係があると仮定します。これ
を生産関数（production function）といいます。以下では、付加価値の
量を単に生産量と呼ぶことにします。

　まず、各企業の持つ生産関数（ミクロの生産関数）について考えま
す。ここでは生産要素が資本（人的・物的）、労働からなるとします。
単純化のため社会資本を省略します。各企業の持つ生産関数は以下のよ
うな対応関係を表しているものといえます。

　　生産関数：(資本、労働、生産性)→生産量

　第 2 章で説明したように、生産に貢献する、質で測った労働の総量
は、労働に人的資本の水準をかけたものとなります。以下では、生産量
は①物的資本、②質で測った労働つまり労働×人的資本、そして③生産
性という 3 種類の数の関数であると考えます。ここで、生産性と国内総
生産との間に比例的な関係が成立すること、つまり生産性が 2 倍になる
と国内総生産も 2 倍になると仮定します。この場合、資本と労働につい

ての２変数関数 F を用いて、生産量と生産性、資本、労働との間の関係を以下のように表現することができます。

生産量＝生産性× $\underset{\text{生産関数}}{F}$ （物的資本, 労働×人的資本）

　以下では関数 F の部分、あるいは生産量と生産性、資本、労働との関係を示した上の式の右辺全体を生産関数と呼びます。

　経済成長論においては、各企業について生産関数の関係が成立する場合、それらを合計した国レベルにおいても生産関数（マクロの生産関数）の関係が成立する、つまり国全体でみた総生産要素と生産性が国全体の生産量つまり国内総生産を決めると考えます。

　以下ではしばらくの間、単純化のため人的資本水準及び生産性の値は一定の値１に等しいとします。また、物的資本を単に資本と書くことにします。この場合、生産量と生産要素の関係は、生産量＝ F (資本, 労働)として表せます。

　生産関数 F の形としては無数のものが考えられますが、経済成長モデルにおいては、現実社会をより正確に表した生産関数として、以下の４つの性質を満たすものを対象とします。

［生産関数の性質］

性質１）　生産要素について収穫一定である。

性質２）　生産要素について限界生産物はプラスであるものの逓減する。

性質３）　生産要素のどちらかの値が０の場合、生産関数の値も０になる。

性質４）　生産要素が増えるにつれ限界生産物は最終的にゼロに収束する。

　性質３は、生産には両方の生産要素が必要で、片方のみの生産要素がいくらあっても生産ができないという意味です。一方、性質４は、生産要素の量が十分大きくなると、さらに生産要素を増やすことによる生産量増加はほぼなくなるということです。この条件を稲田条件とも呼びま

す。以下では性質 1、2 について詳しく説明します。

4-2-2　収穫一定

　生産要素の量を全て定数 a 倍すると、生産量も a 倍される場合、このような生産関数は規模に関して収穫一定であるといいます。ここで a は正の定数です。第 2 章でも用いた洋菓子店の例を再び考えます。店の生産要素が職人の労働と店舗やオーブンなどの設備つまり資本のみであるとすると、収穫一定とは、労働と設備の量をそれぞれ 2 倍にすると、洋菓子の生産量も 2 倍されるということを意味します。ここで、生産要素の量をすべて 2 倍にするということは、店の規模を倍にするということと等しいと解釈でき、この場合生産量が 2 倍されると考えることはある意味自然といえます。

　先ほど導入した生産関数 F を用いると、この収穫一定の性質は以下のように表されます。

$$a \times F(資本, 労働) = F(a \times 資本, a \times 労働)$$

　なお、生産要素を全て $a(>1)$ 倍したとき、生産量が a 倍以上（以下）になるとき、この生産関数は規模に関して収穫逓増（逓減）の性質を持つといいます。

　収穫一定の性質を持つ生産関数の例として、以下のような資本、労働に関する 1 次関数が挙げられます。

$$F(資本, 労働) = 資本 + 労働$$

　この場合、資本の量が 2、労働の量が 3 なら生産量は $2+3=5$ となります。ここで、資本、労働の量を a 倍すると、生産量は $2a+3a=5a$ となります。確かに生産量は a 倍されています。たしかにこの関数は収穫一定です。次に、以下の掛け算の形の関数を考えてみましょう。

$$F(\text{資本}, \text{労働}) = \text{資本} \times \text{労働}^2$$

　この場合、資本、労働の量をそれぞれ 2 倍すると、生産量は 2 倍でなく、2 の 3 乗つまり 8 倍されてしまいます。したがってこのような生産関数は収穫一定ではなく、収穫逓増となります。このままだと、生産要素の量を a 倍すると生産量が a^3 倍されてしまいますが、関数全体を 1/3 乗した以下のような関数は収穫一定となります。

$$F(\text{資本}, \text{労働}) = \text{資本}^{1/3} \times \text{労働}^{2/3}$$

　生産関数の持つこの収穫一定の性質は、後に 1 人当たりでみた国内総生産と資本との関係を導出する際に用います。なお、資本も労働も、存在するものがすべて生産に貢献するわけではありません。工場や機械をとってみても、実際稼働していないものは少なからずあります。（製造業の）設備が稼働している割合を資本稼働率といいますが、この値はもちろん 100 ％ではありません。一方労働者についても、すべての人が働いているわけではなく、失業しているため労働を供給できない人もいます。しかし議論を簡単にするため、本書においては、利用可能な生産要素は原則としてすべて生産に貢献していると考えます。

4-2-3　限界生産物の逓減

　ある生産要素の量を、別の生産要素の量を固定したまま 1 単位だけ増やしたときに生産量が変化する量をその生産要素の限界生産物といいます。資本、労働の限界生産物はそれぞれ、生産関数を用いて

> 資本の限界生産物 $= F(資本+1, 労働) - F(資本, 労働)$
> 労働の限界生産物 $= F(資本, 労働+1) - F(資本, 労働)$

として表現できます。

　以下ではこの限界生産物の性質について実際の生産の状況を反映させるためいくつかの仮定をおきます。まず、限界生産物はともにプラスであると仮定します。この仮定は、生産要素を増やせば増やすほど生産量が増えていくということを意味し、自然な仮定といえます。設備が多すぎると場所をとるためかえって生産に悪影響となる場合も考えられますが、ここでは生産要素を増やすと生産量は増えるとします。

　経済学では通常、この限界生産物の性質についてさらなる仮定をおきます。それは、限界生産物の値はプラスであるものの、生産要素の量が増えるにつれて減っていくというものです。この性質を生産要素の限界生産物の逓減といいます。逓減とは徐々に減っていくという意味です。この限界生産物の逓減は、のちに示す経済成長の収束において決定的な役割を果たします。

　以下では例を用いて、資本の限界生産物の逓減について説明します。ここでは労働の量を固定し、資本と生産量の関係を考えます。表 4-1 は、パン職人（労働）を 2 人雇っているパン工場が、設備（オーブン）の数を 1 つ、2 つ、3 つと増やしていったときにその工場の生産量がどのように増えていくかについて示したものです。この例においては、設備の数が資本の量に当たります。

　表によれば、設備の数がゼロ（資本＝0）のときの生産量はゼロですが、ここから設備を 1 台設置（資本＝1）することにより生産量は 4 に

表 4-1　限界生産物の計算

資本（設備）	0（台）	1（台）	2（台）	3（台）	4（台）
生産量	0	4	7	9	10
限界生産物	4 （＝4−0）	3 （＝7−4）	2 （＝9−7）	1 （＝10−9）	—

なります。つまり資本が 0 のときの資本の限界生産物は 4−0 ＝ 4 です。この状況から設備をさらに 1 台増やし、2 台にすることで生産量は 7 に増えるため、資本が 1 のときの限界生産物は 7−4 ＝ 3 となります。同様に、資本の量が 2, 3 のときの限界生産物はそれぞれ 2, 1 となります。

　この表からまずわかることは、設備を増やせば増やすほど生産量も増えるということ、つまり資本の限界生産物がプラスであるということです。しかし、1 つ設備を増やすことにより生産が増える量は、すでに設置されている設備の数が多くなるにしたがって減っていきます。職人の数を変えずに、設備だけを増やしても、その新しい設備を次第に有効に利用できなくなるのがその理由の一つです。資本と同様に、労働の限界生産物も逓減すると仮定します。設備の数が一定なのに職人ばかり増やしていった場合、新しく加入する職人が生産に貢献する程度は徐々に減っていくことが予想されるためです。

　より正確には、労働を一定として資本を微小量 a 単位だけ増やしたとき、生産が資本の増加量 a の何倍増えるかという比率を考え、a が 0 に近づいた場合の比率の極限値として資本の限界生産物を定義します。

$$資本の限界生産物 = \lim_{a \to 0} \frac{F(資本+a, 労働) - F(資本, 労働)}{a}$$

　上の式の右辺の値は生産関数を資本で微分したものに等しくなります。本来、生産要素の限界生産物とは、生産要素で生産関数を微分した値を指します。限界生産物の最初の定義式は、増やす資本の量 a を 1 とした場合のものでした。単純化のため、この最初の定義（$a=1$）での限界生産物を用いて以後は議論します。

　限界生産物は総生産量の変化量ですので、逆にその変化量を順々に加えていくと、その値は生産量自身に戻ります。例えば、表 4-1 において資本が 0, 1, 2 のときの限界生産物は 4, 3, 2 ですが、これらの値を加えた値である 4＋3＋2 ＝ 9 は、資本が 3 のときの生産量に一致します。資

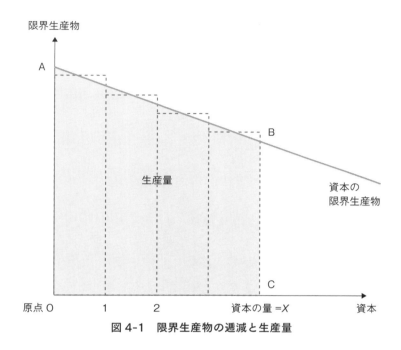

図 4-1　限界生産物の逓減と生産量

　本の限界生産物が逓減するとは、資本の限界生産物が資本の量の関数、特に減少関数であるということを意味しますが、図 4-1 のように、資本の減少関数として限界生産物を表したとすると、資本がある値 X のときの総生産量は、図のように、限界生産物を示す右下がりの直線と、縦軸、横軸、そして資本の量 X を示す縦軸に平行な垂線とで囲まれた台形の部分□ OABC の面積に等しくなります。

4-3　コブ・ダグラス型生産関数

　本節では、前節で説明した収穫一定などの性質をすべて満たす代表的な生産関数であり、経済分析においてよく用いられるコブ・ダグラス型生産関数について説明します。

4-3-1　コブ・ダグラス型生産関数の定義 ─────────

　経済成長論においてよく用いられる生産関数の式として、生産量が資本、労働の累乗の積として表されるものがあります。資本の累乗の係数を a、そして労働の累乗の係数を b としたとき、この表現に基づく生産関数は

$$F(資本, 労働) = 資本^a \times 労働^b$$

（あるいはその定数倍）のような形で表されます。生産は生産要素の増加とともに増えるため、定数 a, b は正の値をとります。

　ここで生産関数が収穫一定であるとすると、a と b との間には、ある関係が成立します。この関係を求めるために、資本と労働の量をすべて 2 倍することを考えます。すると、生産要素が倍になった後の生産の量は以下のように求められます。

$$F(2 \times 資本, 2 \times 労働) = (2 \times 資本)^a \times (2 \times 労働)^b = 2^{a+b} \times 資本^a \times 労働^b$$

　つまり生産要素を 2 倍すると生産量は 2 の $(a+b)$ 乗だけ増えることになります。収穫一定の仮定よりこの量は 2（の 1 乗）に等しくなります。したがって、資本の累乗につく係数 a と労働につく係数 b の和 $a+b$ は 1 になります。ここで、労働の累乗につく係数 b を $1-a$ として表すと、生産関数の式は以下のように表されます。

$$F(資本, 労働) = 資本^a \times 労働^{1-a}$$

　生産関数は資本、労働の増加関数ですので、係数 a は 0 より大きく、かつ 1 より小さくなります。この場合、すべての正の数 x について生産要素を x 倍すると生産量も x 倍され収穫一定の性質が常に満たされることがわかります。この生産関数は、最初に考案した 2 人の研究者

（チャールズ・コブとポール・ダグラス）の名前をとり、コブ・ダグラ
ス型生産関数と命名されています（出典：Biddle（2012））。

　ここでは、コブ・ダグラス型生産関数が上述の生産関数の4つの性質
を満たしていることを確認してみましょう。単純化のため係数の値が a
$= b = 1/2$ であるケースを考えます。実数 x について、$x^{1/2}$ は x の平方根
ですので、この場合、生産量は資本・労働の関数として以下のように表
すことができます。

$$生産量 = \sqrt{資本 \times 労働}$$

　表4-2は、上式の状況において、資本と労働の量がそれぞれ0から3
の間で値を変えたときに国内総生産の値がどのように変化するかを示し
ています。

　表4-2からもわかるように、労働、資本の量のどちらかがゼロなら
ば、ほかの生産要素をいくら増やしても生産量はゼロのままです。ま
た、労働＝資本＝1、つまり生産量 $= \sqrt{1^2} = 1$ の状態から、資本、労働
の量を同時に2倍（労働＝資本＝2）にすると、生産の量は $\sqrt{2^2} = 2$ 倍
され、同様に資本、労働の量を3倍すると生産量も3倍されます。つま
り収穫一定が成り立っています。一方、労働を一定値1としたとき、資
本をゼロの状況から1単位ずつ増やす（資本＝0, 1, 2, …）とき、生産
量は0, 1,（約）1.44,（約）1.73と増えていきますが、その「差」である
限界生産物の値は、1, 0.44, 0.29と順に減っており確かに限界生産物は

表4-2　資本・労働と生産量の関係（コブ・ダグラス型）

生産量 $= \sqrt{資本 \times 労働}$		資本			
		0	1	2	3
労働	0	0	0	0	0
	1	0	$\sqrt{1^2} = 1$	$\sqrt{2} \cong 1.44$	$\sqrt{3} \cong 1.73$
	2	0	$\sqrt{2} \cong 1.44$	$\sqrt{2^2} = 2$	$\sqrt{6} \cong 2.2$
	3	0	$\sqrt{3} \cong 1.73$	$\sqrt{6} \cong 2.2$	$\sqrt{3^2} = 3$

逓減しています（労働が1、資本がxのときの生産量は$\sqrt{x}$であるため、資本の限界生産物は$\sqrt{x+1}-\sqrt{x}$と表せます。この値は常に$\sqrt{x+1}+\sqrt{x}$の逆数に等しく、確かに資本xが増えるとともに減少し、かつxが大きくなるにつれてゼロに収束することがわかります）。

4-3-2　生産要素の代替

　生産関数の式からもわかるように、労働が減ったとしても、その分、資本の量が増えれば生産量を持続させることができます。企業は利益をできるだけ大きくするように資本と労働の利用の仕方を決めますが、その決定には、資本使用の費用（投資資金調達にかかる利払いなど）と労働使用の費用、つまり賃金水準の大小関係が大きく影響します。資本の費用が変わらないまま、賃金水準が上がれば、企業は労働を用いるのをやめ、資本の使用に切り替えます。これを生産要素の代替といいます。

　コブ・ダグラス型生産関数の場合、労働の量がゼロなら、資本の量をいくら増やしても生産量はゼロのままです。つまりどんなに賃金が高くても、「すべて」の生産要素を資本に切り替えることはありません。この意味で、労働と資本の代替の度合いは不完全です。

　しかし、近年ロボットをはじめとして、労働の完全な代替となりうる資本が生まれています。こういった資本を仮に「ロボット」と命名することにすると、ロボットの存在を考慮した生産関数、特にコブ・ダグラス型生産関数の一例としては

$$生産量 = （ロボット以外の資本）^a×（ロボットの数+労働）^{1-a}$$

といったものがあげられます。このような生産関数を用いた経済成長の理論的分析が、近年例えばPrettner（2019）によって行われています。この場合、労働が1単位減っても、ロボットの量が1単位増えれば生産量を維持することができますし、労働の量がなくてもロボットさえあれば生産は可能となります。企業が利潤を追求しているとすると、ロボッ

ト使用の価格が賃金水準を下回ると雇用はゼロになってしまいます。

　このロボットなどをはじめとする近年の機械化・自動化をめぐり、不足する労働を補う救世主ととらえる見方と、雇用を奪う一種の悪者としてとらえる見方の双方があります。Arntz, Gregory and Zierahn（2016）は、OECD 加盟国における仕事の 9 ％程度の仕事（タスク）がロボットをはじめとする機械化によってなくなる恐れがあると分析しています。技術が労働を奪う可能性に関する近年の研究については北原（2018）が詳しく説明しています。以下の説明においては、生産要素の代替は不完全であるとします。

4-4　国全体の生産関数

　先に、企業が用いる生産要素の量及び生産性と生産量（より正確には付加価値の量）との間には生産関数の関係があると説明しましたが、本書においては、国全体で見たときの生産要素の総量と生産物の総量、つまり国内総生産との間にも生産関数の関係があると考えます。

　本書においては、経済変数をアルファベットで表し生産関数を数学的に表現します。ここである国における資本の総量を K、労働の総量を L、国全体の生産性を A、（実質）国内総生産を Y と書きます。そして国内総生産が関数 F を用いて

> 国内総生産 $Y =$ 生産性 $A \times F$（資本 K, 労働 L）

のように表せるとします。以下では関数 F を（国レベルの）生産関数と呼びます。日本語表記を省略し、$Y = A \times F(K, L)$ と表記することもあります。この式からもわかるように、国内総生産の増加は、生産性、資本、労働の増加によってもたらされます。ただその増加の仕方は生産関数の形状によります。以下ではこの形状について説明していきます。なお、国内総生産は生産量に価格をかけたものの和であり、本来はこの

式には価格水準も依存しますが、ここでの国内総生産は価格水準を固定
して計算する実質国内総生産を意味しており、以下では単純化のため、
生産物の価格を 1 とします。

　国レベルの生産関数 F として、経済成長論においてよく用いるもの
が、先述のコブ・ダグラス型生産関数です。本書においては、企業レベ
ルだけでなく、国レベルでみても、生産要素、生産性と国内総生産との
間に以下のような累乗を含む式が成立すると仮定します。

国内総生産 $Y =$ 生産性 $A \times ($ 資本 $K)^a \times ($ 労働 $L)^{1-a}$

　これから、企業別の生産関数を国全体の生産関数に「合成」する手法
について経済モデルの例を用いて説明します。今、日本には二つの企
業、企業 1 と企業 2 の 2 つがあり、生産要素として労働のみを用いて生
産物を生産しているとします。労働だけでなく資本も用いて生産すると
考えても、状況がやや複雑になるだけで結果に違いはありません。労働
は企業 1 か企業 2 のどちらかに必ず使われるとします。

　ここで、各企業が雇う労働と生産する生産物の量との間に以下のよう
な生産関数の関係があると仮定します（i は企業名（1, 2）を示す記号
です）。

企業 i の生産 $= \sqrt{企業 \ i \ が雇う労働}$ $(i = 1, 2)$

　国全体の労働の量を L とすると、この値は両企業が雇う労働の和に
なります。同様に、国全体で見た生産物の量つまり国内総生産は両企業
の生産物の和となります。

　ここで、企業 1 の労働が国全体の労働に占める割合を p とします。定
義より、企業 2 の労働が全体の労働に占める割合は $1-p$ となります。
この場合、企業 1、企業 2 の雇う労働はそれぞれ、国全体の労働 L を用
いて $p \times L$、$(1-p) \times L$ と書くことができます。生産関数の式より、企

業の生産量は以下のように表されます。

$$企業 1 の生産量 = \sqrt{企業 1 が雇う労働} = \sqrt{p} \times \sqrt{総労働\ L}$$
$$企業 2 の生産量 = \sqrt{企業 2 が雇う労働} = \sqrt{1-p} \times \sqrt{総労働\ L}$$

　これらの合計が国内総生産ですので、国内総生産と総労働 L との間には以下のような関係が成立します。これが国全体の生産関数です。

$$国内総生産 = 定数 \times \sqrt{総労働\ L}$$

　上の生産関数の関係式に現れる「定数」は、$\sqrt{p} + \sqrt{1-p}$ に等しくなりますが、この値は労働が 2 つの企業に配分される割合 p に依存します。つまり、同じ量の労働が利用可能であったとしても、その配分の仕方が「うまく」なければ国内総生産の値は下がってしまいます。

　先に、生産要素の上手な使い方の程度を効率性と呼ぶと説明しましたが、上の定数 $\sqrt{p} + \sqrt{1-p}$ は国の生産の効率性つまり生産性を反映しているものといえます。例えば、企業 1 にしか労働者がいない、つまり $p=1$ の状況でこの生産性を示す定数の値は $\sqrt{1} + \sqrt{0} = 1$ ですが、企業 1 と 2 で労働者の数を分け合う場合、つまり $p=0.5$ の場合定数は $\sqrt{1/2} + \sqrt{1/2} = \sqrt{2} = 1.41\cdots$ となり、その値が増えます。つまり生産性は労働の配分にも大きく依存します。効率性については第 8 章でさらに詳しく説明します。

4-5　1 人当たり生産関数

　私たちの最終目的は、「1 人当たり」の国内総生産の分析です。以下では、先に示した、国全体の生産要素と生産量の関係を示す生産関数の式を国民「1 人当たり」の式に書き直してみます。その際、生産関数の

持つ収穫一定の性質を用います。

4-5-1 1人当たり生産関数の導出

以下しばらくの間、国全体の労働（量）と労働者数、そしてその国の人口が全て等しいと仮定します。先に、各企業における労働者1人当たり（物的）資本を説明しましたが、同様の値を国レベルでも求めることができます。ここでは国全体の資本 K を国全体の労働（＝人口）L で割った値としてその国の1人当たり資本を定義します。この値をアルファベットで k と表記すると、k は以下の式を満たします。

$$1人当たり資本\ k = \frac{資本\ K}{労働\ L}$$

同様に、国内総生産を労働で割った値として1人当たり国内総生産を定義します。1人当たり国内総生産を y と表記すると、この値は

$$1人当たり国内総生産\ y = \frac{国内総生産\ Y}{労働\ L}$$

として表せます。以下では、1人当たりで見た国内総生産と資本との関係式を求めます。まず、以下のように、資本は1人当たり資本と労働の積に等しくなります。

$$資本\ K = 1人当たり資本\ k \times 労働\ L$$

前節で導入した国内総生産 Y と資本 K、労働 L、生産性 A との関係式（$Y = A \times F(K, L)$）に上の式を代入すると以下のやや長い式を得ます。

> 国内総生産 $Y = A \times F(労働 L \times k, 労働 L)$

　ここで、生産関数には収穫一定の性質があるため、F の中に現れる変数 L を外にくくりだすことができます。

> 国内総生産 = 生産性 $A \times$ 労働 $L \times F(1 人当たり資本 k, 1)$

最後にこの式を労働で割ることにより、以下の式を得ます。

> 1 人当たり国内総生産 $y = A \times F(k, 1)$

　関数 $F(k, 1)$ において、数値の「1」は定数であり、いかなるときもその値を変えません。したがってこの式は、生産性を一定としたとき、1 人当たり国内総生産の値 y が 1 人当たり資本 k <u>にのみ依存</u>していること、つまり y が k に関する 1 変数関数となっていることを示しています。この関数を 1 人当たり生産関数と呼び、k のみの関数として f を用いて表します。1 人当たり生産関数 $f(*)$ と元の生産関数 $F(*)$ との間には $f(x) = F(x, 1)$ の関係があります。関数 f を用いると、y と k との間には以下のような関係が成立します。

> 1 人当たり国内総生産 $y = $ 生産性 $A \times f(1 人当たり資本 k)$

　コブ・ダグラス型生産関数 $F(K, L) = K^a \times L^{1-a}$ の場合、1 人当たり生産関数 f は、

$$f(k) = \frac{F(資本 K, 労働 L)}{労働 L} = \left(\frac{資本 K}{労働 L}\right)^a = k^a$$

として求めることができます。本書においては $a = 1/3$ の場合つまり

$F(K, L) = K^{1/3} \times L^{2/3}$ の場合を例として今後よく使います。このとき 1 人当たり生産関数は $f(k) = k^{1/3}$ として表されます。マクロ経済学においては、生産要素所得の分配の観点から、コブ・ダグラス型生産関数における係数 a の値を約 1/3 とおくのが最も現実に近いとされています。詳しい理由については後述します。

4-5-2 1 人当たり生産関数の性質

生産関数 F が 4-2 節で示した 4 つの性質を満たすとき、1 人当たり生産関数 f は以下の性質を満たします。

①関数 $f(k)$ は 1 人当たり資本 k に関して増加関数となる。

②1 人当たり資本 k に関する限界生産物 $f(k+1) - f(k)$ は逓減する。k の値が増えるにつれ最終的にはその値はゼロに収束する。

③1 人当たり資本 k がゼロのときの 1 人当たり国内総生産の値 $f(0)$ はゼロになる。

第 2 の性質は、1 人当たり資本 k を増やした時の 1 人当たり国内総生

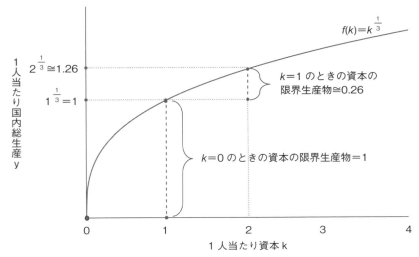

図 4-2 1 人当たり生産関数 $f(k) = k^{1/3}$ のグラフ

産の増加量は、k が増えるにつれて減ることを意味します。

　図 4-2 は、1 人当たり生産関数、つまり 1 人当たり資本 k と 1 人当たり国内総生産 y との関係を、関数形がコブ・ダグラス型 $f(k) = k^{1/3}$ の場合に、1 人当たりの資本 k を横軸にとってグラフにしたものです。この場合、上記の 3 つの性質が満たされることを確認してみましょう。まず、k の 3 乗根は k が増えれば値が大きくなるので、$f(k) = k^{1/3}$ が k の増加関数になるのは明らかです。次に、図からもわかるように、$k = 0$ の時の限界生産物 $f(1) - f(0) = 1$ は $k = 1$ の時の限界生産物 $f(2) - f(1) = 2^{1/3} - 1 = 0.26\cdots$ よりも値が大きくなっています。1 人当たり資本が増えるにつれグラフの傾きはゆるやかになっており、限界生産物はたしかに減少しています（$2^{1/3}$ とは、3 乗したら 2 になる数のことで、約 1.26 です）。最後に、0 の 3 乗根は 0 ですので、$f(0) = 0$ となること、つまりこの関数のグラフが原点を通ることも容易に確認することができます。

4-5-3　データで見る 1 人当たり資本と 1 人当たり国内総生産 ───

　図 4-3 は、世界各国の（労働者）1 人当たり国内総生産の対数値と 1 人当たり資本の値の対数値（自然対数）の関係を表したものです。データは 2009 年から 2019 年までの 10 年間の平均値でみています。確かに両者の間には正の関係があることがわかります。また、日本の 1 人当たり資本及び国内総生産の水準は高いものの、アメリカ（USA）やアイルランド（IRL）などの他の先進国と比べ、決してトップレベルにはないこともこの図からわかります。

　図 4-4 は、ここ 30 年間の日本を含む主要 5 か国（フランス、ドイツ、日本、イギリス、アメリカ）の（労働者）1 人当たり資本の推移を示したものです。もともと日本の資本は 1 人当たりの水準でみて低い傾向にありますが、その伸びも低く、諸外国から引き離されつつあるという印象を受けます。

　なぜ近年資本蓄積、つまり設備投資が低迷したかということについてはいくつか仮説が提示されています。一橋大学の深尾特任教授は、日本

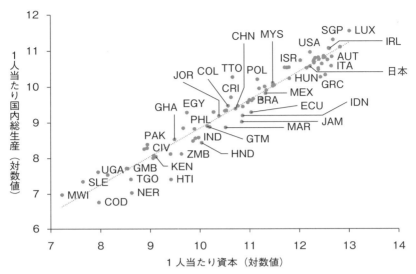

図 4-3　1 人当たり国内総生産と 1 人当たり資本の関係

出典：Penn World Table 10.0 より作成
参考：Weil（2013）

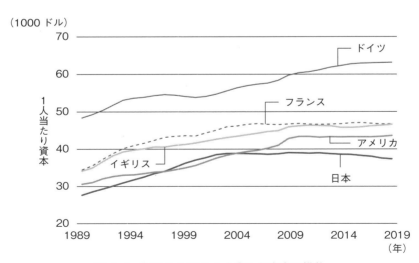

図 4-4　主要 5 か国の 1 人当たり資本の推移

出典：Penn World Table 10.0 より作成

経済新聞（2021d）において、安い労働力に頼り、機械化を怠った可能性を指摘しています。日本においては、第 2 章（2-8-1）でも示したように、近年女性や高齢者の社会進出が進んだこともあり、就業者数が増加傾向にあります。安価な労働者が利用可能という状況において、資本と労働の代替が進まなかったことは，資本蓄積低迷の要因の一つといえるでしょう。

4-6　労働分配率

　企業は生産要素（資本・労働）の量を上手に選んで利潤を大きくしようとしますが、その際、生産要素を無料で利用できるわけでは当然ながらありません。企業が労働を用いる場合、労働者に対し、（労働量 1 単位当たりの）賃金に労働者の働く量をかけた分だけ対価を支払う必要があります。

　以下では、賃金（wage）をアルファベットの w で表し、賃金 w と国全体の労働量 L の積 $w \times L$ を労働所得と呼びます。労働所得は企業にとって費用（人件費）となります。労働と同様に、資本の使用にも費用がかかります。売り上げから費用を引いたものが企業の利潤となり、配当などを通して企業の所有者に配られます。

　労働所得の合計が国民の総所得に占める割合を労働分配率と呼びます。労働分配率をデータから推計する手法には国民経済計算を用いる方法や、法人企業統計を用いる方法など様々なものがあります。国民経済計算を用いる場合は、雇用者報酬が国民所得に占める割合として求め、法人企業統計を用いる場合は、人件費を付加価値（≒人件費と営業利益の和）で割って求めます。なお、国民所得とは GNI と類似した指標であり、GNI に補助金を加えたものから資本減耗及び生産にかかる税金を除いて得られます。これらの定義については若松（2017）や労働政策研究・研修機構（2021）に基づきます。法人企業統計を用いる場合は、銀行が対象産業から除かれていることに注意が必要です。

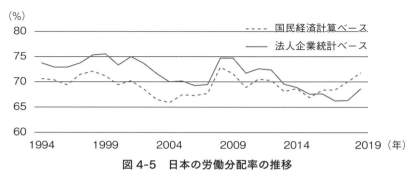

図 4-5　日本の労働分配率の推移

出典：内閣府「国民経済計算」及び財務省法人企業統計より作成
注1：雇用者報酬を用いる場合の労働分配率＝雇用者報酬/国民所得
注2：人件費を用いる場合の労働分配率＝人件費/付加価値。人件費＝役員給与＋役員賞与＋従業員給与
　　＋従業員賞与＋福利厚生費。付加価値＝営業利益＋動産・不動産賃借料＋租税公課＋人件費
参考：労働政策研究・研修機構（2021）、若松（2017）

　図 4-5 は、労働分配率の推移を、国民経済計算と法人企業統計に基づく数値のそれぞれについて示しています。法人企業統計ベースでみた労働分配率は長期的にみて減少傾向であるのは確かですが、いずれの数値も 65〜75 ％の値で大きな変化がないことがわかります。リーマンショック後の 2008 年ごろから 2010 年代にかけ労働分配率が低下し、問題視されましたが、2010 年代後半にかけ持ち直しています。ただ、内閣府（2022）が指摘するように、業種別にみた場合、特に非製造業の労働分配率は長期的に低下傾向にあります。

　多くの先進国において労働分配率は近年低下傾向にあります。Eggertson Robbins, and Wold（2021）によれば、ここ 30 年でアメリカにおける労働分配率は 60 ％台前半から 50 ％台後半にまで約 7 ％減少しました。労働分配率の低下の要因や背景については様々な説が提示されています。Karabarbounis and Neiman（2014）は、資本の価格が下がり、生産要素として労働から資本への代替が起こったからと述べています。一方 Eggertson et al.（2021）は、企業の独占力が増したことを理由に挙げています。日本の労働分配率低下の要因として、田中・菊池・上野（2018）は労働組合の組織率の低下などをあげています。

　ここで、生産関数を用いて労働分配率がどのように決まるかについて説明します。単純化のため、国民の所得と国内総生産は同じものとしてとらえます。また、国には1つの代表的企業しかなく、この企業の生産の構造はコブ・ダグラス型生産関数で与えられ、国全体の資本と国全体の労働を一手に引き受け、利潤を最大にすべく生産活動に従事するとします。さらに、生産性及び生産物の価格を1とします。この代表的企業の生産関数を(資本 K)^a×(労働 L)$^{1-a}$ とします。ここで係数 a は0から1の間の値をとります。費用として人件費のみを考え、資本使用の費用を無視するものとすると、企業の利潤は

$$利潤 = (資本\,K)^a \times (労働\,L)^{1-a} - 賃金\,w \times 労働\,L$$

と表せます。単純化のため、資本の量を一定とすると、この利潤は労働 L についての関数とみることができます。ここで企業が労働 L を上手に選んで利潤を最大にしたとすると、利潤が最大になっている状況において、人件費 $w \times L$ が総生産額 $K^a \times L^{1-a}$ に占める割合はちょうど $1-a$ に等しくなることを証明することができます。

　図4-5で示したように、労働分配率は通常65〜75％の値をとっています。経済成長論の分析においては、コブ・ダグラス型生産関数を用いる場合、実際の労働分配率の値を反映するために、係数 a を1/3あるいはそれに近い値とおくことが多くなっています。確かにこのとき、労働分配率の値は $1-a = 2/3 \cong 0.67$ となり、データと整合的となります。本書においても $a = 1/3$ と仮定します。

　なお、労働と同様、資本の使用もただではできません。経済学において、企業は、資本の所有者から資本を借り、その借りる行為の対価として「資本収益率」r に等しい金額を資本1単位当たりで資本の所有者に支払うと考えます。この r は資金貸借の対価ですから一種の金利としてとらえることができます。労働所得と同様、資本収益率（＝金利）r と資本 K の積 $r \times K$ のことを資本所得、そして資本所得 $r \times K$ と国内総生

産 Y の比率のことを資本分配率と呼びます。

　国の代表的企業が資本と労働の値を上手に選んで利潤を最大化する場合、生産関数 F がコブ・ダグラス型なら、国内総所得＝国内総生産は資本所得と労働所得の和に一致します。そして資本分配率はコブ・ダグラス型生産関数における係数 a に一致します。つまりこの場合、労働分配率と資本分配率の合計は 1 になります。労働分配率、資本分配率の導出に関する数学的議論については巻末（巻−3）において説明します。

4-7　生産性の測定

　労働や資本と異なり、生産性の水準やその変化の度合いを直接計測することは容易でありません。そのため、経済成長論では、生産性を、国内総生産の値（の変動）のうち、生産要素の値（の変動）では説明できない、いわゆる残りの部分としてとらえます。例えば、労働などの生産要素の値が変化しないにもかかわらず、国内総生産の値が 20 ％増えたとき、生産性が同じ割合で上昇したと考えます。以下では生産性を考慮した労働分配率 $(1-a)$ が 2/3 のコブ・ダグラス型生産関数を仮定します。この場合、国内総生産と生産要素、生産性との間には、

$$\text{国内総生産 } Y = \text{生産性 } A \times (\text{資本 } K)^{1/3} \times (\text{労働 } L)^{2/3}$$

の関係が成立します。この式より、生産性を国内総生産と生産要素の関数の比として以下のように表現できます。

$$\text{生産性 } A = \frac{\text{国内総生産 } Y}{(\text{資本 } K)^{1/3} \times (\text{労働 } L)^{2/3}}$$

　ここで、右辺に出てくる変数は、すべてデータから推計できます。つまり、上の式より、国内総生産、資本、労働のデータを用いて、生産性

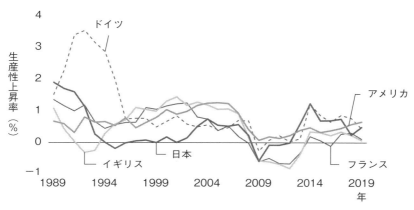

図 4-6　主要国の生産性上昇率の推移
出典：Penn World Table 10.0 より作成
参考：Boppart and Li（2021）
注：データは 5 年移動平均をとっている。

を「推測」することができます。国内総生産を、生産のうち生産要素の
量により説明できる部分 F（資本，労働）で割った値としての生産性を
「全要素生産性」（Total Factor Productivity）ともいいます。生産性の
ことを TFP ともいいます。

　図 4-6 は、過去約 30 年間における、ドイツ、イギリス、日本、フラ
ンス、アメリカの生産性の伸びを示したものです。図によれば日本の生
産性は特に 1990 年代後半以降伸び悩みましたが、少なくともここ 10 年
間においては意外にも健闘しています。ここ約 10 年の日本の生産性が
それほど低くないという結果は、同じく Penn World Table を用いた分
析である Boppart and Li（2021）においても確認することができます。
一方この図からは、アメリカの生産性の伸びが非常に安定していること
もわかります。生産性の実際の推計においては、労働の質も考慮し、労
働量と人的資本の積を生産に貢献する労働として計算を行っています。
Penn World Table における生産性の計算方法については Inklaar and
Timmer（2013）に詳しく説明がなされています。

　通常新聞等において生産性といえば「労働生産性」を指します。日本

においては、労働生産性及びその伸び率が低いことが問題視されていますが、本書における（全要素）生産性と労働生産性は、言葉は似ているものの定義が異なります。労働生産性は、就業者 1 人当たり、あるいは就業者の労働 1 時間当たりの国内総生産として計算されます。1 人当たり生産関数の議論からもわかるように、労働生産性は、全要素生産性だけでなく、労働者 1 人当たりの資本にも依存します。したがって、仮に生産性が伸びたとしても、労働者 1 人当たりの資本の量が減れば、労働生産性は伸び悩む可能性があります。

4-8　成長会計

本節では生産関数の関係を用いて、国内総生産の増加のうち、資本、労働、そして生産性の寄与がそれぞれどの程度あるのかを分析します。

4-8-1　経済成長の「分解」

ここでは、国内総生産 Y と生産性 A、資本 K 及び労働 L との間に、労働分配率 2/3 のコブ・ダグラス型生産関数 $Y = A \times K^{1/3} \times L^{2/3}$ の関係があることを仮定し、国内総生産の増加率と生産性、資本、労働の増加率との関係を示します。

今、ある年における国内総生産、資本、労働、そして生産性がそれぞれ Y, K, L, A であったとします。そして今年から来年にかけて、資本が ΔK、労働が ΔL そして生産性が ΔA だけ増えて、結果国内総生産が ΔY だけ増えたとします。この場合、来年資本は $K + \Delta K$、労働は $L + \Delta L$、生産性は $A + \Delta A$、そして国内総生産は $Y + \Delta Y$ になります。また、今年から来年にかけての資本 K、労働 L、生産性 A、国内総生産 Y の増加率はそれぞれ $\dfrac{\Delta K}{K}$、$\dfrac{\Delta L}{L}$、$\dfrac{\Delta A}{A}$、$\dfrac{\Delta Y}{Y}$ として表せます。以下では生産性の増加率を生産性上昇率、国内総生産の増加率を経済成長率と呼びます（ここでは経済成長率として、1 人当たりではなく、トータルの

国内総生産でみた成長率を考えます）。

　今年と来年の国内総生産は、コブ・ダグラス型生産関数を用いると、それぞれ

$$\underset{\text{来年}}{} : \underbrace{Y + \Delta Y}_{\text{国内総生産}} = \underbrace{(A + \Delta A)}_{\text{生産性}} \times \underbrace{(K + \Delta K)^{1/3}}_{\text{資本}} \times \underbrace{(L + \Delta L)^{2/3}}_{\text{労働}}$$

$$\underset{\text{今年}}{} : \underbrace{Y}_{\text{国内総生産}} = \underbrace{A}_{\text{生産性}} \times \underbrace{K^{1/3}}_{\text{資本}} \times \underbrace{L^{2/3}}_{\text{労働}}$$

となります。ここで、来年の国内総生産を示す式の左辺、右辺をそれぞれ、今年の国内総生産を示す式の左辺、右辺で割ってみます。すると経済成長率 $\dfrac{\Delta Y}{Y}$、生産性上昇率 $\dfrac{\Delta A}{A}$、資本の増加率 $\dfrac{\Delta K}{K}$、労働の増加率 $\dfrac{\Delta L}{L}$ との間に成立する以下のような関係式を導くことができます。

$$1 + 経済成長率 = (1 + 生産性上昇率) \times (1 + 資本増加率)^{1/3}$$
$$\times (1 + 労働増加率)^{2/3}$$

　上の式は複雑ですが、増加率が小さい数だと仮定すると、下の式のように近似的に経済成長率を生産要素や生産性の増加率の「和」として表現できます（説明は巻末（巻−4）にて行います）。

$$経済成長率 \simeq 生産性上昇率 + \frac{1}{3} \times 資本増加率 + \frac{2}{3} \times 労働増加率$$

　この式によれば、労働、生産性の水準が変わらない中、資本の値が仮に１（％）増えたとき、国内総生産は増えるものの、その増加率は資本の増加率を下回り1/3（％）にとどまります。同様に、労働の値が１

（％）増えたとき、国内総生産は 2/3（％）しか増えません。これは、生産関数の持つ限界生産物の逓減の性質からきています。一般に、1 つの生産要素だけが増えても、国内総生産の増加率は生産要素の増加率を下回ってしまいます。この式を成長会計の式といいます。

　以下では、上式の第 1 項の部分つまり生産性上昇率を経済成長への生産性の寄与、第 2 項の部分、つまり資本の増加率に係数 1/3 をかけた値を経済成長への資本の寄与、労働量の増加に係数 2/3 をかけた値を経済成長への労働の寄与、と呼ぶことにします。この場合、経済成長率は生産性上昇率と資本、労働の寄与の和に等しくなります。成長会計の式の中で、国内総生産、資本、労働の増加率は統計データより計測可能ですが生産性を数値で見ることはできません。しかし、この式の中で計測不可能なのはこの生産性の増加率だけなので、以下のように生産性を「逆算」することができます。

> 生産性上昇率 ≅ 経済成長率 − 資本の貢献 − 労働の貢献

　このように計算された生産性の増加率をソロー残差とも言います。成長会計の式を用いると、国内総生産の増加が、何によって引き起こされたかについて分析することができます。生産関数の考え方にもとづき、経済成長を生産要素、生産性それぞれの貢献に分解する作業を成長会計といいます。

　なお、先に説明したように、生産性の推計の際、より正確には労働を労働者数と人的資本水準の積に等しいものととらえます。この場合労働増加率は、労働者数の増加率と人的資本水準の増加率の和になります。

例：生産性が 5 ％、資本が 3 ％、労働が 6 ％増えた場合、経済成長率は成長会計の式よりおおよそ以下のように計算できる。

$$経済成長率 ≅ 5 ％ + \frac{1}{3} × 3 ％ + \frac{2}{3} × 6 ％ = 9 ％$$

4-8-2　主要国の成長会計（2010～2019）

　表 4-3 は、2010 年から 2019 年にかけての主要国の経済成長率（年平均）について成長会計の考え方で生産要素、生産性それぞれの寄与を求めたものです。また、労働については、人的資本の水準も考慮し、労働量に人的資本の水準をかけたものをその量としています。人的資本の数値化については第 7 章で説明します。

　この 9 年間でみると、日本は生産性の点からは残りの 4 か国と遜色ない水準にある一方、生産要素の寄与、特に資本の寄与が諸外国に比べ極めて少なく、結果として経済成長率自体も低いことがわかります。同様の結論は宮川・石川（2021）も得ています。また、日本以外の国をみると、生産性、資本、労働がそれぞれ経済成長に一定程度寄与しており、どれか 1 つ、あるいは 2 つの要素のみが偏って成長に貢献しているという国はないこともわかります。

　日本においてはこれまで、生産性の低さが深尾・権（2004）など多くの文献によって指摘されてきました。しかし特にここ 10 年については、資本、労働、生産性のそれぞれに問題があり、生産性のみが単独で成長の足を引っ張ったわけではなく、資本の蓄積が足りていないことも問題であることが推察されます。

　それではいったい、資本の蓄積は何によって決まるのでしょうか？成長会計の式だけを見ると、資本から国内総生産へという一方的な因果関係しかわかりませんが、実際は国内総生産の変化自体も資本蓄積に大

表 4-3　主要 5 か国の成長会計（2010-2019 年）

	経済成長率	生産性の寄与	資本の寄与	労働の寄与
ドイツ	1.68 %	0.67 %	0.45 %	0.56 %
フランス	1.31 %	0.15 %	0.49 %	0.68 %
イギリス	1.79 %	0.24 %	0.57 %	0.97 %
日本	0.96 %	0.65 %	0.07 %	0.24 %
アメリカ	2.27 %	0.56 %	0.58 %	1.13 %

出典：Penn World Table 10.0 より作成

きな影響を与えます。経済成長を理解するには、国内総生産と資本との相互の関係を明らかにする必要があります。次章では、その関係を明確に示す経済モデルを説明します。

第 4 章のポイント

- 生産要素と生産量との関係を示した関数を生産関数という。生産要素と国内総生産との関係を示す国レベルの生産関数を F とすると、国内総生産 Y ＝生産性 A ×F（資本 K, 労働 L）のように表せる。

- 1 人当たり国内総生産 y は生産性 A、及び 1 人当たり資本 k の関数として $y＝A×f(k)$ と表せる。f を 1 人当たり生産関数という。

- 資本（労働）の限界生産物とは、ほかの条件を変えることなく資本（労働）の量のみを 1 単位増やした際に生産量が増加する量を示す。限界生産物は逓減する。

- 生産要素の量をすべて一定の値 x 倍すると、生産量の値も x 倍されるとき、生産関数は収穫一定の性質を持つという。

- 経済成長率を生産要素と生産性の増加率に分解する手法を成長会計という。

第 5 章

成長の経済理論

本章では、経済成長論の理論的分析の基礎となっている数学的モデルについて説明します。

5-1 経済成長の方程式

　本章でこれから説明する経済成長モデルは、（物的）資本の蓄積を通して経済成長のプロセスを明確化したものであり、経済成長理論に関する最も基本的な枠組みといえます。このモデルは、考案者である経済学者ロバート・ソロー（Solow（1956））の名にちなみ、ソローの経済成長モデルといわれます。

　第 2 章で示したように、現在から将来（来年）にかけての資本の変化量と投資及び資本減耗との間には

資本の変化量 ΔK ＝投資 I － 資本減耗率 d ×資本 K 　　　(5-1)

という関係式が成立します。以下では資本として物的資本のみを考えます。以下では資本減耗率 d を一定値（定数）とします。また、投資と国内総生産の比率である投資率も定数であり、その値を s とします。この場合、投資は国内総生産の関数として

投資 I ＝投資率 s ×国内総生産 Y 　　　(5-2)

のように表せます。(5-1) 式に (5-2) 式を代入することにより、資本

の増加量と国内総生産、資本との間に成立する以下のような関係式を導けます。

資本の変化量 ΔK ＝投資率 s ×国内総生産 Y －資本減耗率 d

×資本 K (5-3)

（5-3）式によれば、今年から来年にかけての資本の変化は、今年の国内総生産及び資本の値に依存していることがわかります。この式を成長方程式と呼びます。

5-2　資本蓄積に関する方程式の導出

　前節で求めた成長方程式（5-3）は、資本の変化量が国内総生産と資本に依存していることを示しています。しかし、国内総生産と資本は独立ではなく、両者は生産関数の式で関連付けられています。ここでは、国内総生産 Y と資本 K、労働 L、生産性 A との関係が、以下のようなコブ・ダグラス型生産関数で示されていると仮定します。

国内総生産 Y ＝生産性 A ×（資本 K）$^{1/3}$ ×（労働 L）$^{2/3}$ (5-4)

　議論を簡単にするため、本章において生産性の値は 1 に等しいと仮定します。この場合、上の式は $Y = K^{1/3} \times L^{2/3}$ と書けます。

　生産関数の式（5-4）を成長方程式（5-3）に代入すると、以下のような、資本 K 及びその蓄積についての方程式を得ます。

資本の変化量 ΔK ＝投資率 s ×（資本 K）$^{1/3}$ ×（労働 L）$^{2/3}$

－資本減耗率 d ×資本 K (5-5)

以下では投資率、資本減耗率同様、労働の値 L が一定で、人口に一

致するとします。このとき、人口 1 人が供給する労働量は 1 単位となります。(5-5) 式は資本に関する差分方程式（漸化式）の関係を示しています。この式を成長方程式と呼ぶことがあります。つまりこの式に従うと、ある年の資本が決まれば次の年の資本も決まり、そして同じ差分方程式により再来年及びそれ以降の資本も決まっていきます。資本が将来にかけて増えるか否か、つまり ΔK の値がプラスか否かは、資本の関数としての投資 $s \times K^{1/3} \times L^{2/3}$ と、こちらも資本の関数である資本減耗 $d \times K$ の大小関係で決まります。

　生産関数からもわかるように、生産を増やすには資本の蓄積が必要です。しかし、成長方程式からもわかるように、資本を増やすには生産物（設備や機械など）を新たに生産する必要があります。経済成長モデルは、国内総生産と資本との相互依存関係を示しています。

　［例］労働 L を 1、投資率 s を 0.8、資本減耗率を $d = 0.1$ とすると、成長方程式（5-5）は以下のように表せる。

$$資本の変化量 \Delta K = 投資率(0.8) \times (資本\ K)^{1/3}$$
$$- 資本減耗率(0.1) \times 資本\ K$$

今年の資本 K の値が 8 であったとする。この時、今年の国内総生産の値は $Y = K^{1/3} = 2$、投資は $0.8 \times Y = 1.6$ そして資本減耗の値は $0.1 \times K = 0.8$ なので、資本の変化量は $1.6 - 0.8 = 0.8$ となる。つまり来年の資本の値 $K + \Delta K$ は $8 + 0.8 = 8.8$ となる。再来年以降の資本の値も同様に求めることができる。

5-3　1 人当たり資本蓄積

　本書の一つの目的は「1 人当たり」国内総生産の分析です。これまでの式は国全体の資本や生産の関係を示すものでしたが、ここでこれらの式を 1 人当たりの式に書き直してみましょう。まず、成長方程式（5-3）

の両辺を労働（＝人口）L で割り以下の式を得ます。

$$\frac{\text{資本の変化量}\Delta K}{\text{労働 } L}=s\times\frac{\text{国内総生産 } Y}{\text{労働 } L}-d\times\frac{\text{資本 } K}{\text{労働 } L} \qquad (5\text{-}6)$$

　今は、労働（＝人口）を固定していますので、今年から来年にかけての「1 人当たり」資本 k の増加量 Δk は、総資本の変化量 ΔK を労働で割ったものになります。この関係は以下の式のように表せます。

$$1\text{ 人当たり資本の変化量}\Delta k=\frac{\text{資本の変化量}\Delta K}{\text{労働 } L} \qquad (5\text{-}7)$$

　例えば、労働が 10 の状況（$L=10$）で資本が今年から来年にかけて 2 だけ増えたとき（$\Delta K=2$）、今年から来年にかけての 1 人当たり資本の増加量 Δk は 2/10＝0.2 となります（労働が時間とともに増える場合、1 人当たり資本の変化量の式は、労働の増加を考慮したものになり、上の (5-7) 式より複雑になります。このことについては第 6 章でふれます）。したがって、以下のように 1 人当たりでみた成長方程式を求めることができます。

$$\begin{aligned}1\text{ 人当たり資本の変化量}\Delta k\\ =\text{投資率 } s\times 1\text{ 人当たり国内総生産 } y\\ -\text{資本減耗率 } d\times 1\text{ 人当たり資本 } k \qquad (5\text{-}8)\end{aligned}$$

　この方程式において右辺の第 1 項（$s\times y$）は 1 人当たり投資の量を、そして第 2 項（$d\times k$）は 1 人当たり資本減耗の量をそれぞれ示しています。第 4 章で示したように、生産関数がコブ・ダグラス型 $Y=K^{1/3}\times L^{2/3}$ の場合、1 人当たり国内総生産 $y=Y/L$ と 1 人当たり資本 $k=K/L$

との間には 1 人当たり生産関数で与えられる関係 $y=k^{1/3}$ があります。したがって、1 人当たり資本減耗同様、1 人当たり投資は 1 人当たり資本 k の関数として表すことができます。

> 1 人当たり投資 $s \times y =$ 投資率 $s \times$（1 人当たり資本 k）$^{1/3}$

　1 人当たり資本 k の関数としての投資 $s \times k^{1/3}$ を、以下では 1 人当たり投資関数と呼ぶことにします（単に投資関数と呼ぶ場合があります）。上式より、以下のように成長方程式（5-8）を 1 人当たり資本に関する差分方程式として表現することができます。

> $\Delta k = s \times k^{1/3} - d \times k$　　　　　　　　　　　　　　　　　　（5-9）

5-4　資本の関数としての資本減耗・投資

　1 人当たりで見た成長方程式（5-9）からわかるように、1 人当たり資本 k が今年から来年にかけて増えるかどうか、つまり Δk がプラスかどうかは、1 人当たり投資 $s \times y = s \times k^{1/3}$ と 1 人当たり資本減耗 $d \times k$ との間の大小関係で決まります。難しいところは、両者ともに、1 人当たり資本 k の値に依存している点です。ある時点から将来の時点にかけて 1 人当たり資本が増えるかどうかはその時点における 1 人当たり資本の値によって決まることになります。

　図 5-1-(a) は、1 人当たり投資関数及び 1 人当たり生産関数を 1 人当たり資本 k の関数としてグラフに描いたものです。投資率 s は一定値ですから、1 人当たり投資 $s \times k^{1/3}$ は、1 人当たり生産関数 $k^{1/3}$ に比例しています。したがって、1 人当たり投資関数のグラフは 1 人当たり生産関数のグラフを縦軸方向に s 倍縮小したものとなります。つまり、投資関数のグラフは生産関数同様、原点を通り、その傾きは k の値が大きくな

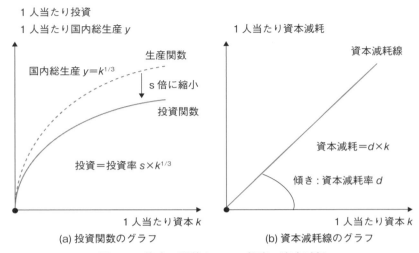

図 5-1　資本の関数としての投資、資本減耗

るにしたがって緩やかになります。

　一方、図 5-1-(b)は、1 人当たり資本減耗 $d×k$ を同じく k の関数としてグラフに描いたものです。資本減耗率 d が一定値なので、1 人当たり資本減耗 $d×k$ は 1 人当たり資本 k に比例し、その比例定数は資本減耗率に一致します。したがって 1 人当たり資本減耗のグラフは、原点を通る、傾きが $d(> 0)$ の直線となります。以下では、この直線を資本減耗線と呼ぶことにします。

5-5　資本深化

　本節では、1 人当たり資本の値が長期的にどのように推移するのか説明します。本節での議論はすべて 1 人当たりの議論ですので、単純化のため、本節の文章においては資本、投資、資本減耗について「1 人当たり」の言葉を一部省略します。

　図 5-2 は、図 5-1 で示した投資関数のグラフと資本減耗線を重ねたものです。この図を見ると、資本 k の値が小さいうちは投資関数の曲線が

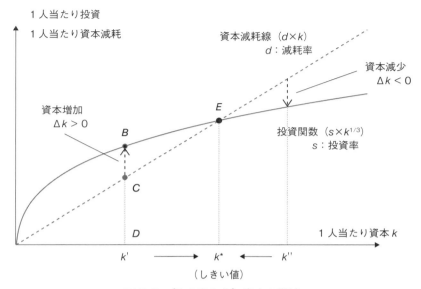

図 5-2　（1 人当たり）資本の増減

資本減耗線の上に来ています。しかし、第 4 章で説明したように、生産
関数には、限界生産物が逓減し、最終的にゼロに収束するという性質が
あります。つまり生産関数と比例的な形をしている投資関数の限界生産
物も逓減し、最終的にはその値はゼロになります。一方、資本減耗の増
え方は比例的です。したがって k の値が増えていくにつれ、いずれ資本
減耗線が投資関数を超えるようになります。投資関数と資本減耗線との
交点のうち、原点以外の点を **E**、そして点 **E** における資本の値を k^* と
しましょう。この場合、投資と資本減耗の大小関係は点 **E** を境に逆転
します。以下では k^* を「しきい値」と呼ぶことにします。

　資本の変化量 Δk は投資と資本減耗の差として表されますが、この値
は図 5-2 において投資関数と資本減耗線の高さの差として求められま
す。例えば今年の資本の値が図において、しきい値 k^* より小さい k' で
あったとします。この場合、今年の投資量は線分 **BD**、そして資本減耗
の量は線分 **CD** の長さでそれぞれ表されます。図は投資が資本減耗を

線分 BC の長さだけ上回っていること、つまり今年から来年にかけて資本が増えることを示しています。資本が増える状況は資本の量が k^* より小さい限り起こります。一般に（労働者）1 人当たり資本が増えていくことを資本深化（capital deepening）といいます。資本深化は投資が資本減耗を上回る限り起こり、国内総生産の値を増やします。

　一方、今年の資本が図においてしきい値 k^* より大きい k'' であったとします。この場合、その年における投資は資本減耗を下回っていますので、今年から翌年にかけて資本が減ることになります。

　つまり、資本の量が今年から来年にかけて増えるか減るかは、今年の資本の量としきい値 k^* との大小関係で決まります。上で説明したように、資本 k がしきい値より小さいなら k は増加し、一方しきい値を超えた場合減少します。いずれの状況においてもしきい値に近づくように資本が増減することがわかります。

5-6　定常状態

　ここで、今年の 1 人当たり資本が、しきい値、つまり投資関数のグラフと資本減耗線の交点における値 k^* に等しい場合を考えてみましょう。この場合、この年の投資の量は資本減耗とちょうど釣り合っていることになり、翌年にかけて、資本は増えも減りもしないことになります。つまりこの状況では、資本の価値の減耗をちょうど投資が補っていることになります。一般に、経済変数の値が時間とともに変わらないような状況を定常状態といいます。この経済成長モデルの場合、1 人当たり資本の量が一定となる状況が定常状態です。定常という言葉には、一定の、といった意味合いがあります。本書においては、定常状態における経済変数の値に * をつけて表現します。以下では、しきい値の資本を定常状態の資本と呼ぶことにします。

　資本が定常状態の値を下回る場合、翌年にかけて資本は増えます。一方、資本が定常状態の値を上回っている場合、翌年資本は減ります。こ

のことは、経済が資本蓄積を通して定常状態に収束することを意味しています。例えば地震などにより資本が 1 回減少したとしても、投資率や資本減耗率に変更がないのであれば、時間をかけて経済は元の状態に戻っていくことになります。今後本書では、分析対象の経済が、定常状態にあると仮定して分析を進めます。

図 5-3 は、1 人当たり生産関数、投資関数、資本減耗線をグラフとして表し、その中で定常状態における各変数の値を示しています。定常状態を示す点 E において、投資は資本減耗に一致し、その値は図における線分 DE の長さに等しくなっています。一方、この状況における 1 人当たり国内総生産の値 y^* は $(k^*)^{1/3}$ に等しく、この値は図において線分 CD の長さに等しくなっています。

生産関数がコブ・ダグラス型の場合、定常状態における 1 人当たり資本の量 k^* を投資率 s、そして資本減耗率 d を用いて明示的に表現することができます。定常状態においては、1 人当たりの投資と 1 人当たりの資本減耗が一致するため、1 人当たり資本 k^* について以下の方程式

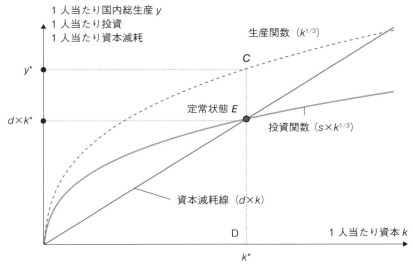

図 5-3　定常状態における国内総生産の決定（1 人当たり）

が成立します。

$$s \times (k^*)^{1/3} = d \times k^*$$

　この式の両辺を $(k^*)^{1/3}$ で割ると、$s = d \times (k^*)^{2/3}$ となるため、k^* の値は $(s/d)^{3/2}$ となります。

　国全体の資本 K、そして国内総生産 Y はそれぞれ 1 人当たりの資本、国内総生産に労働 L をかけたものに等しくなっています。したがって、経済が定常状態にあり、1 人当たり資本の量が k^* のとき、資本の量は $k^* \times L$、そして国内総生産の値は $y^* \times L$ にそれぞれ等しくなります。定常状態の 1 人当たり資本の量に影響を与えるのは、投資率と資本減耗率のみで、全体の労働の水準は影響しません。したがって、労働の量 L が 2 倍になったとすると、定常状態において国内総生産自体は 2 倍になりますが、1 人当たり国内総生産の値に影響はありません。

5-7　投資率の変化

　前節までの議論においては、投資率を一定値と考えていました。この節では、投資率が変化したときに資本や国内総生産がどのように変化するのか考えます。

5-7-1　経済成長モデルを用いた分析

　当初経済が、投資率がある値 s のもと、定常状態にあったとします。ここで何らかのきっかけにより、投資率が s から s^+ に上昇したとします。このとき資本、そして国内総生産がどのように動くのか見てみましょう。

　図 5-4 においては、投資率が s のときの投資関数（点線）、s^+ のときの投資関数（実線）、そして資本減耗線の計 3 つの曲線が、それぞれ 1 人当たり資本 k の関数として書かれています。投資率が s の時の定常状

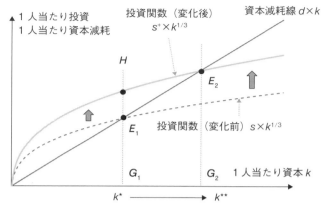

図 5-4　投資率の変化と資本・国内総生産

　態は、投資関数（点線）と資本減耗線との交点 E_1 で表され、そして点 E_1 における 1 人当たり資本の値は k^* に等しくなっています。

　ここで、投資率が s から s^+ に増えた場合を考えます。このとき、資本の値を所与とすると、投資の量は増えます。つまり、投資と資本の関係を示す投資関数のグラフは、上方に（点線から実線へ）移動します。このとき、スタート時点において、1 人当たり投資の値は線分 G_1H、そして 1 人当たり資本減耗の値は線分 G_1E_1 の長さにそれぞれ等しく、投資が資本減耗を上回る分、つまり線分 HE_1 に等しい量だけ今年から来年にかけて 1 人当たり資本が増えることになります。新しい定常状態は、投資率 s^+ の下での投資関数（実線）と資本減耗線の交点 E_2 に移り、資本の値は k^* から k^{**} に増えます。

　図 5-5 は、国内総生産と資本との関係を示す生産関数のグラフを示しています。この図が明らかにしているように、資本が k^* から k^{**} に増えることで、国内総生産の値は生産関数に沿って y^* から y^{**} に増えます。一般的に、投資率が増加すると、資本蓄積の促進を通して、1 人当たりの資本、そして国内総生産の値はともに増えることになります。

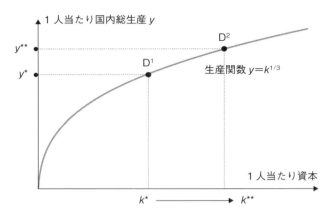

図 5-5 資本の変化と国内総生産

5-7-2 データとの整合性

　前項で説明したことは、投資率が高くなればなるほど 1 人当たり国内
総生産の値も高くなるということです。これが本当かどうか、データを
みてみましょう。表 5-1 は、世界各国を投資率について 5 つの階級（5
分位）に分け、それぞれの階級について 1 人当たり国内総生産の平均値
を計算したものです。この表によれば、例えば韓国は最上位 20 ％のグ
ループ（第 V 分位）に入っている一方、日本は上位 40 ％から 60 ％ま

表 5-1 投資率 5 分位ごとの 1 人当たり国内総生産（2018 年）

分位	I	II	III	IV	V
国名	パキスタ ン・エジプ ト・アルゼ ンチンなど	ブラジル・ メキシコ・ タイ・ペ ルーなど	イタリア・ イギリス・ 日本など	フランス・ シンガポー ル・ノル ウェーなど	デンマー ク、韓国、 アイルラン ドなど
投資率 （平均）	11.5 %	17.8 %	22.8 %	26.8 %	33.8 %
国内総生産 （1 人当たり）	8496 ドル	12937 ドル	29178 ドル	38660 ドル	43435 ドル

出典：Penn World Table 10.0 より作成
参考：Weil（2013）図 3.8

での中位のグループ（第 III 分位）に入っています。この表からは、確かに投資率の高い国の方が 1 人当たり国内総生産も高い傾向があることを見て取れます。Weil（2013）は、投資率とかかわりの深い貯蓄率についての 10 分位を用いて分析を行い、同様の結果を得ています。

　図 5-6 はここ 30 年間の日本の投資率の推移を示していますが、長期的に低下し続けていることがわかります。経済成長モデルによれば、投資率の低下は資本蓄積を阻害しますが、この投資率の低下は先に示した日本の資本蓄積低迷（図 2-3）の原因の一つと考えられます。

　投資率は、資本の蓄積を促し、長期的な 1 人当たり国内総生産の値を増やす主要因の一つであることに間違いありません。しかし残念ながらその値が 100 ％を超えることは通常なく、投資率の増加のみを通して持続的な成長を行うというのは不可能といえます。経済が持続的に成長するには、生産性の増加なども必要です。このことについては次章以降で詳しく説明します。

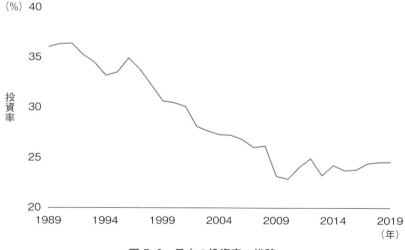

図 5-6　日本の投資率の推移
出典：Penn World Table 10.0 より作成

5-7-3　政府支出増加の効果

　投資率に影響を与える要因には様々なものがあります。その中の一つ
に政府支出の増減があります。GDP 恒等式（国内総生産＝消費＋投資
＋政府支出）からわかるように、国内総生産、そして消費が一定のも
と、政府支出が増えたら投資が減ります。単純化のため、政府支出が国
内総生産に占める割合（政府支出比率）を g とし、政府支出の増加を、
比率 g の増加ととらえます。そして、消費が国内総生産に占める割合つ
まり平均消費性向を c とします。この場合、投資率 s は

> 投資率 $s＝1－$ 平均消費性向 $c－$ 政府支出比率 g

となります。つまり投資率には政府支出比率 g の値がマイナスの方向に
影響を及ぼします。したがって、政府支出比率が増加した場合の状況変
化は、投資率の増加の効果を説明した図 5-4 における状況と逆の形にな
り、定常状態において 1 人当たり資本の値、そして 1 人当たり国内総生
産の値はともに減少します。
　一般に、政府支出の増加をはじめとする公的部門の拡大に伴い民間部
門の経済活動、特に投資が減少することをクラウディングアウトといい
ます。図 5-7 は、日本において政府支出（政府最終消費支出）が国内総
生産に占める割合の推移を示したものですが、この値は確かに増加傾向
にあることがわかります。その理由の一つとして少子高齢化による社会
保障関係費の増大があげられます。他の条件が一定のとき、政府支出比
率の増大は投資率を減らすことになります。
　なお、政府支出の増加が港湾や道路など社会資本の蓄積を促す場合、
これは生産面にプラスの効果を与えます。社会資本の増加は、生産関数
の形状自体を変化させ、民間部門の資本蓄積を促し、国内総生産を増や
します。同様のメカニズムについては第 7 章でもふれます。
　ところで、GDP 恒等式（国内総生産＝消費＋投資＋政府支出＋純輸
出）によれば、政府支出を増やすと国内総生産の支出面での構成要素の

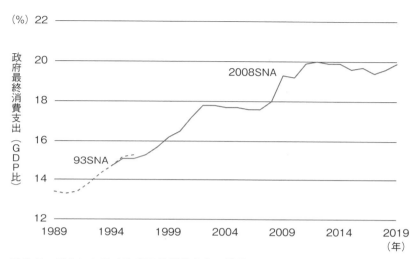

図 5-7　日本における政府最終消費支出の推移

出典：内閣府「国民経済計算」より作成（94 年以前と 94 年以降では国内総生産の計算の体系が異なり、
　　　数字に断絶が生じている）

　一つの値が増えるわけですので国内総生産は増えそうです。特に日本に
おいては不況期など景気回復、つまり国内総生産の増加を見込んで巨額
の予算（経済対策）が組まれてきました。ただ、政府支出の増加が国内
総生産を増やせるのは、生産要素、特に労働の使用が不完全で、失業者
が多いような状況のみです。この場合、政府支出の増加が失業の減少つ
まり労働の増加を通して国内総生産を増加させることができます。しか
し、雇用が完全雇用に近い状況、つまり生産要素をフルに使用している
状況で政府支出を増やしても、その分投資に回る生産物が減ってしま
い、結果として資本蓄積の程度が弱まり、国内総生産は増えるどころか
減ってしまうことになります。

5-8　資本減耗率の変化

　本節では、資本減耗率（d）が上昇したときの経済への影響を考えて

　みましょう。資本減耗率が上昇するということは、設備が摩耗などにより生産に役に立たなくなる頻度が高くなるということです。資本減耗率が上昇するような場面としては、自然災害の頻度が増加する状況などが考えられます。櫃（2018）が述べているように、自然災害の主な経済的損失は、資本の減少といえます。環境問題を考慮した最近の経済成長モデル（Bretschger（2020）など）も、環境悪化の損失を資本減耗率の上昇として解釈しています。以下では資本減耗率が増加した場合の経済の動きについて経済成長モデルを用いて説明します。

　これまでと同様に、1 人当たり生産関数はコブ・ダグラス型 $y=k^{1/3}$ であり、投資率は s であるとします。ここで、当初資本減耗率が d であったのが、自然災害の増加などをきっかけとして d^+ に増加（$d^+ > d$）したときの状況を考えます。図 5-8 においては、投資関数 $s \times k^{1/3}$、資本減耗率が当初の値 d であった状況での資本減耗線（点線）、及びその値が d^+ に増えたときの資本減耗線（実線）が、それぞれ資本 k の関数として書かれています。資本減耗率が d のとき、資本減耗線（点線）

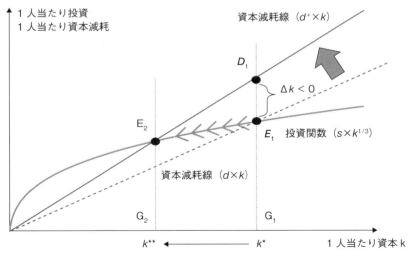

図 5-8　資本減耗率の増加と資本

と投資関数が交わる定常状態は点 E_1 で表されます。図において点 E_1 における資本の値を k^* とします。

　ここで、資本減耗率が d から d^+ に増えた場合、資本減耗線が反時計回りにシフトし、その傾きが増します。資本が当初の定常状態における値 k^* のままであったとすると、投資の量が図において、線分 E_1G_1 の長さに、一方資本減耗の値が線分 D_1G_1 の長さにそれぞれ等しく、資本減耗のほうが線分 D_1E_1 の長さだけ大きいことがわかります。つまり現在から将来にかけ、資本が減ることになります。

　長期的にこの経済は、当初の定常状態 E_1 から、資本減耗率が d^+ のもとでの資本減耗線（実線）と投資関数との交点で示される新しい定常状態 E_2 に移り、資本の値は k^* から k^{**} に減ります。生産関数自体の形状は変化していないため、この場合、国内総生産の値も減ります。先に説明したように、資本の減少が 1 回だけなら、経済は元の定常状態に戻れますが、資本の減少が恒常的な場合、投資が資本減耗の穴埋めに使われることになり、資本蓄積の度合いが減り、結果としてより資本の量の少ない定常状態に移行してしまいます。

第 5 章のポイント

- 資本の変化量を国内総生産、資本、投資率、資本減耗率で表した差分方程式を成長方程式という。

- 経済成長モデルにおいては、他の条件を一定とすると、1 人当たり資本はいずれ一定の値に近づく。

- 投資率の増加は、定常状態での 1 人当たり資本、そして 1 人当たり国内総生産の値を増やす。

- 資本減耗率が増すと、定常状態での 1 人当たり資本、そして 1 人当たり国内総生産の値は減少する。

第2部

経済成長の諸論点

第2部においては、

第1部での議論を踏まえ、人口変動や教育、

生産性の変化が経済成長に与える

影響について分析します。

入門・日本の経済成長

Introduction To
Economic Growth In Japan

第 6 章

人口の変化と経済成長

本章では人口の増減が 1 人当たり国内総生産にもたらす影響を考えます。

　日本の人口は 2010 年をピークに減少をはじめ、最近の人口増加率は年率でマイナス 0.3 ％程度です。図 6-1 は、近年の主要国の人口の推移を示しています。日本の人口減少は、着実に人口を増やし続けている他の先進国と比べかなり異質であることがわかります。

　人口の減少は、生産要素である労働を減らす方向に働きますので、経済成長に必然的にマイナスの効果をもたらしそうですが、「1 人当たり」でみると必ずしもそうとはいえません。本章では、人口変動と経済成長との関係について、前章で導入した経済成長モデルを用いて説明しま

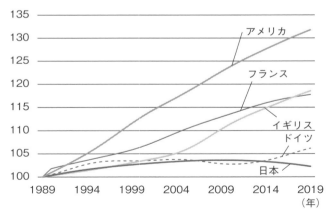

図 6-1　主要国の人口動向（1989 年＝100）
出典：Penn World Table 10.0 より作成

す。なお、本章においても、人口と労働は同じであること、つまり国民
1 人が供給する労働量は 1 単位であることを仮定します。

6-1　人口増加と 1 人当たり資本蓄積

　1 人当たり資本 k の動きが、前章で説明した成長方程式 $\Delta k = sy - dk$ によって表現される経済成長モデルにおいて、当初経済の状態が定常状態（つまり $\Delta k = 0$）にあったと仮定します。このときの 1 人当たり資本の量を k^* とおきます。

　ここで（移民など）何かをきっかけとして人口＝労働者数が急に 2 倍に増加したとします。この場合、まず資本が労働で割って得られる 1 人当たり資本の量は当初の定常状態の値 k^* の半分の値 $0.5k^*$ に急落します。しかしこの状況は定常状態ではなく、1 人当たり資本の量 $0.5k^*$ は定常状態の量 k^* より低くなっています。したがって、図 5-2 が示しているように、投資を資本減耗が上回ることになります。つまり人口が急増した直後から 1 人当たり資本は増えていきます。そして最終的には元の定常状態に戻ります。人口が増えた場合、資本が蓄積されることにより、1 人当たりの資本の量、そして 1 人当たりの国内総生産は長期的にみて変化はありません。

　しかし、人口が変化し続ける場合、資本の増加が人口増加に完全に追いつけないため、結果は異なります。以下では人口増加率＝労働増加率が一定の正の値 n であるとします。今年の人口（＝労働）を L、今年から来年にかけ人口（＝労働）が増加する量を ΔL としたとき、人口増加率は $\dfrac{\Delta L}{L}$ と書くことができ、この値が一定値 n であることになります。したがって人口増加量 ΔL は、今年の人口 L と人口増加率 n の積 Ln に等しくなります。

　資本と投資、資本減耗との間にはこれまでと同様、（5-1）式、つまり「資本の増加＝投資－資本減耗」という式が成立します。前章では、人

口の量が一定でしたので、資本の増加を人口で割った値は 1 人当たり資本の増加と等しくなります。したがってトータルの資本の蓄積の式（5-1）はそのまま 1 人当たりの式（5-7）に置き換えることができました。しかし、人口が常に変化する場合は状況が異なります。なぜなら、人口が増えている場合、投資は、現時点で生存している人々（大人と呼びます）の資本の量を増やすことだけでなく、新たに生まれた人々（子どもと呼びます）に資本を新規に分け与えることにも用いられるからです。

> ［例］今年の資本を 200、今年の人口＝労働を 10、今年から来年にかけての投資を 20、そして資本減耗率を 0 とする。このとき、今年の 1 人当たり資本は資本 200/人口 10 = 20 となる。もし人口が来年も 10 のままなら、今年から来年にかけての 1 人当たり投資は投資 20/人口 10 = 2 であり、1 人当たり資本は今年の値 20 から 2 だけ増えて 22 となる。しかし人口が今年から来年にかけて 10 ％増える場合、資本の増加率（20/200 = 10 ％）と人口増加率が一致するため、資本減耗がないにもかかわらず 1 人当たり資本の値は（200 + 20）/11 = 20 のまま変化しない。

　人口増加率が n のとき、今年生まれる「子ども」の数は、すでに生存している「大人」1 人当たり n 人となります。1 人当たり資本の量 k を仮に人口増加後も維持しようとする場合、子どもの世代に渡さなくてはならない資本の量は大人 1 人当たり、人口増加率 n と 1 人当たり資本 k の積 $n \times k$ になります。

　一方、1 人当たりで見た資本の減耗は、前と同じく資本減耗率 d と 1 人当たり資本の積 $d \times k$ に等しくなります。したがって 1 人当たり資本が今年から来年にかけて増加する量 Δk は、下の（6-1）式のように、1 人当たり投資 $s \times y$ から 1 人当たり資本減耗 $d \times k$、そして新しい世代に配分する資本の量 $n \times k$ を引いたものに等しくなります（より正確な議

論については、巻末（巻－5）を参照してください）。

$$\Delta k = 投資率\, s \times 国内総生産\, y - (資本減耗率\, d + 人口増加率\, n) \times k$$
$$(6\text{-}1)$$

この式は、人口が増加する場合の成長方程式といえます。

6-2　人口変化を考慮した経済成長モデル

これまでの章と同様に、本章においても、労働分配率が2/3のコブ・ダグラス型生産関数を用います。そして生産性を1とします。この場合1人当たりの投資は投資率 s と1人当たり国内総生産 y の積に等しく、そして1人当たり国内総生産 y は $y = k^{1/3}$ と表されますので、1人当たり投資の値は前と変わらず

$$投資率\, s \times 国内総生産\, y = s \times k^{1/3}$$

に等しくなります。したがって、人口増加がある場合の成長方程式（6-1）は1人当たり資本 k に関する差分方程式として以下のように書くことができます。

$$\Delta k = 投資率\, s \times k^{1/3} - (資本減耗率\, d + 人口増加率\, n) \times k$$

この式は、人口成長のない場合の式と構造がとてもよく似ています。唯一の違いは、式の右辺に、人口増加率に関する項 $n \times k$ が含まれている点です。以下では右辺の第2項 $(d+n) \times k$ をまとめて1人当たりの「資本減耗」、そしてこれを資本 k の関数としてグラフにしたものを資本減耗線と呼ぶことにします。

人口が増える場合の1人当たり資本 k の動きに関する説明は、人口を

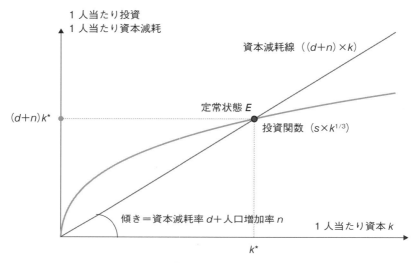

図 6-2　人口が増加する場合の資本の決定

一定としていた前章における説明とほぼ同じです。図 6-2 は、投資関数と資本減耗線をそれぞれ 1 人当たり資本の関数として描いたものです。1 人当たり投資のグラフは前と同じですが、資本減耗線の傾きが、人口増加率の分だけ増えています。図 6-2 からわかるように、人口増加がある場合も、1 人当たり資本 k の値は、初期の値によらず、定常状態における値に収束していきます。定常状態、つまり資本の値が増えも減りもしない状況における 1 人当たり資本の値 k^* は、図 6-2 において、投資関数と、資本減耗線の交点 E における値に対応します。このとき 1 人当たり国内総生産の値 y^* は $y^* = (k^*)^{1/3}$ に等しくなり、こちらも一定値となります。したがって総資本 $= L \times k^*$、国内総生産 $= L \times y^*$ はともに人口増加率 n に等しい割合で増加していきます（変数の増加率の関係については巻末（巻 -2）を参照してください）。つまりこの経済の定常状態において、トータルの国内総生産で見た経済成長率は人口増加率に一致します。経済成長論では、このような経済成長率が一定の状況を定常成長ないし均斉成長といいます。

6-3　人口増加と経済成長の関係

　ここで、人口増加率が n から n^- に下がったらどうなるか考えてみましょう。図 6-3 には、人口増加率が n のときの資本減耗線（点線）、人口増加率が n^- に下がったときの資本減耗線（実線）そして投資関数が描かれています。

　人口増加率が n から n^- に下がったとき、投資関数の形状は変わりませんが、新しい世代に配らなくてはならない資本の量が減ることにより、資本減耗線の傾きはよりなだらかになります。この場合、定常状態を示す点はもともとの点 E_1 からその右上の E_2 に移り、資本の値は k^* から k^{**} に増えることがわかります。定常状態での 1 人当たりの資本が増えるのは、人口が減ることにより、投資のうち新世代に配られなくてはならない部分が減るからです。1 人当たりで見た資本の量が増えるということは 1 人当たりの国内総生産も増えることを意味します。なお、

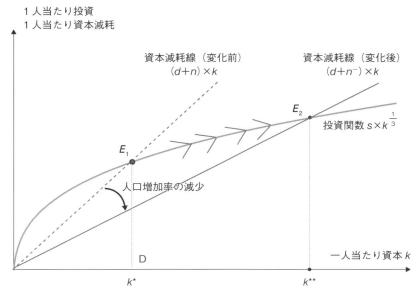

図 6-3　人口増加率の減少がもたらす 1 人当たり国内総生産の増加

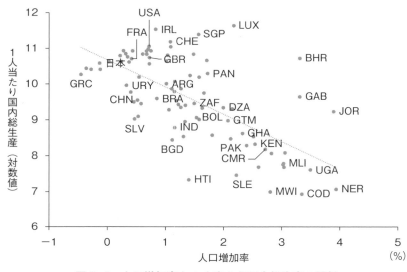

図 6-4　人口増加率と 1 人当たり国内総生産の関係
出典：Penn World Table 10.0 より作成

　この場合、1 人当たりでなく、国全体で見た国内総生産 $Y = L \times y^*$ の成長率は n から n^- に下がっていることに注意してください。

　図 6-4 は、過去 2009 年から 2019 年までの世界各国の人口増加率の平均と、1 人当たり国内総生産の平均値（の対数値）に関する散布図をとったものです。確かに 2 つの変数の間には負の相関があるといえます。これは人口増加を考慮に入れた経済成長モデルの結果と整合的です。人口の減少が必ずしも 1 人当たり国内総生産の下落を意味しないことがデータからもわかります。

6-4　国民 1 人当たりと労働者 1 人当たりの違い

　前章で説明したことは、人口の減少自体は国内総生産に悪影響を与えないというものでした。しかしこの結果は、人口と労働量が等しいという仮定のもとで行われた議論に基づくものです。少子高齢化などで、人

口のうち労働に貢献する人の割合が減少する場合は結果は異なります。

　ここでは単純化のため、人口増加率を第 5 章の状況のようにゼロと仮定し、総人口と労働が異なる場合を考えます。この場合、人口 1 人当たりでなく、労働者 1 人当たりの資本を k そして労働者 1 人当たり国内総生産を y とすると、k は以下のような成長方程式を満たします。

$$\Delta k = 投資率\ s \times 労働者 1 人当たり国内総生産\ y - 資本減耗率\ d \times k$$
$$(5\text{-}8)$$

　労働者 1 人当たり国内総生産 y は k の関数として $y = k^{1/3}$ とおけるので、以前と同じ議論をすることにより、この経済は定常状態に向かうことがわかります。そして定常状態における労働者 1 人当たり資本 k^*、及び労働者 1 人当たり国内総生産 y^* は投資率と資本減耗率のみに依存し、人口に占める労働者の割合とは関係ありません。

　ここで、定常状態における 1 人当たり国内総生産の値は、以下のように、労働者 1 人当たり国内総生産の値に、「人口に占める労働者の割合」をかけたものとなります。

$$国民 1 人当たり国内総生産 = \frac{労働者数}{人口}$$
$$\times 労働者 1 人当たり国内総生産\ y^*$$

　経済が定常状態にある場合、労働者 1 人当たり国内総生産は一定値 y^* であり、それ自体は人口の増減と関係ありません。しかし、少子高齢化を通して、上式右辺第 1 項の人口に占める労働者の割合が下がると、労働者 1 人が生み出した生産物をより多くの人で分け合うことになり、1 人当たり国内総生産の値は減ります。

　近年、多くの人がこれまで定年とされてきた 60 歳を超えて労働をす

るようになりました。その意味で、もはや高齢者＝働かない人という考えは誤っています。しかし高齢者の労働参画の拡大には健康面等でいずれ物理的な限界がくるでしょう。高齢化の急激な進行は 1 人当たり国内総生産に悪い影響を与える可能性があります。少子高齢化の問題については第 11 章でより詳しく説明します。

第 6 章のポイント

- 人口が一回限りで変化したとしても、1 人当たり国内総生産の値に長期的な変化はないが、人口が変化し続ける場合は国内総生産に影響が及ぶ。
- 理論上、人口増加率の低下は 1 人当たり資本、及び 1 人当たり国内総生産をともに増やす。
- 高齢化の進展が労働の減少につながる場合、経済成長を阻害する可能性がある。

第7章

人的資本と経済成長

本章では、人的資本が経済成長に与える影響について説明します。
また、この章の後半では、人的資本・物的資本を考慮した経済成長モデルの挙動が
データと整合的かについて説明します。

7-1　人的資本水準の推計

　人的資本は、設備などの物的資本と違い、人々の能力や技能を示す抽象的な概念であり、その価値の数値化が簡単ではありません。ただ、人々の持つ技能や能力は、主に教育により培われ、そして学校に通う年数が長くなればなるほど、授業や課外活動を通してより多くの知識を獲得し、そしてより高い能力、特に生産に貢献できる能力を蓄えることができます。したがって、ある人の持つ人的資本の量は、その人が何年学校に通ったかに依存していると考えることができます。国全体で見ると、ある国の国民の持つ平均的な人的資本の水準は、その国民が学校に通う年数の平均値が高くなればなるほど増えていくでしょう。経済学においては、通学年数を用いて人的資本の量を推計するのが標準的となっています。

　しかし、ある人の通学年数が倍に増えたからといって人的資本も倍になるとはいえません。通学する年数が人的資本に与える影響は、通学年数の増加とともに逓減すると考えられます。例えば、最初の段階、つまり小学校での1年間の教育が人的資本の増加に与える効果は、大学3年からの1年間の教育が人的資本の増加に与える効果よりも大きいことが知られています。

　Penn World Table においては、通学年数が人々の能力に与える効果

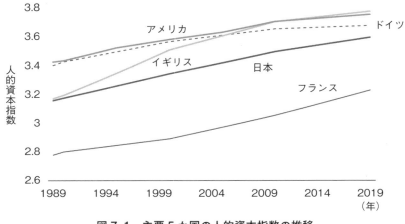

図 7-1　主要 5 か国の人的資本指数の推移
出典：Penn World Table 10.0 より作成

は逓減するという考えに基づき、各国の人的資本水準を示す人的資本指数（human capital index）が推計されています。詳しくは Feenstra, Inklaar, and Timmer（2016）に説明がなされています。日本の人的資本指数の値は、2019 年現在、シンガポール、イギリス、アメリカ、カナダ、ドイツ、ノルウェーなどに続く 12 位となっています。日本の 1 人当たり物的資本水準の順位が同年時点で 26 位とやや低迷していることを考えると、人的資本蓄積については健闘しているといえます。図 7-1 は、主要 5 か国の人的資本指数の過去 30 年の推移をとったものです。これを見ると、日本の人的資本レベルは決してトップではないものの、着実にその値を高めていることがわかります。

　必ずしも通学年数が長ければ能力が高くなるわけではもちろんなく、人的資本の水準を、通学年数のみにより数値化することには限界があります。能力というのは、単なる年数というよりも、学力により反映されると考えるのが自然といえます。近年では、人的資本の価値を測定する新たな指標として、試験の「成績」を用いることがあります。

　国家間で比較可能な人的資本の指数を、試験の成績を用いて作るため

には、その試験が、世界共通である必要があります。そういった試験として代表的なものに国際学習到達度調査（PISA）があります。PISAは、OECDが15歳児を対象に3年ごとに調査するもので、試験内容は読解力、数学的・科学的リテラシーの3分野で構成されています。

2018年に実施されたPISA2018において、日本は参加79か国・地域の中で読解力15位、数学6位、科学5位となり、前回実施（PISA2015）のときよりやや順位が下がりました。このことは当時話題になりました（出典：日本経済新聞電子版（2019c））。

7-2　人的資本を考慮に入れた生産関数

以下では人的資本を考慮に入れた場合の生産関数を説明します。この生産関数は次節でのモデル分析に用いられます。本章においては、質を考慮した労働、つまり生産に貢献する労働の量が、労働（＝人口）Lに、労働者1人当たりでみた人的資本水準hをかけたものであると考えます。また、生産関数は、（物的）資本と質を考慮した労働についての2変数関数であり、その形状は、これまでと同様、労働分配率が2/3のコブ・ダグラス型であるとします。さらに生産性の値は1であるとします。この場合、生産関数は以下のように書けます。

$$\text{国内総生産 } Y = (\text{資本 } K)^{1/3} \times (\text{労働 } L \times \text{人的資本 } h)^{2/3} \tag{7-1}$$

上の式の両辺を労働（＝人口）Lで割ることにより、人的資本の量を考慮した1人当たり生産関数は1人当たり資本k及び1人当たり人的資本h双方の増加関数として

$$\text{1人当たり国内総生産 } y = (\text{1人当たり資本 } k)^{\frac{1}{3}} \times (\text{人的資本 } h)^{\frac{2}{3}} \tag{7-2}$$

のように表せます。以下では人的資本の値 h は時間とともに変化しない定数であるとします。

7-3 人的資本を考慮した経済成長モデル

本節では、経済成長モデルを使って、人的資本の蓄積が国内総生産に与える影響について考えます。以下では単純化のため、「1 人当たり」の表記を省略することがあります。資本を k、投資率を s、資本減耗率を d、そして人的資本の水準を h とします。これまでと同様、投資は投資率 s と国内総生産 y の積に、そして資本減耗は資本減耗率 d と資本 k の積にそれぞれ等しくなります。したがって、生産関数を示す (7-2) 式を成長方程式 ($\Delta k = s \times y - d \times k$) に代入することにより、資本の変化を人的資本水準を用いて

$$資本の変化 \ \Delta k = 投資率 \ s \times (資本 \ k)^{1/3} \times (人的資本 \ h)^{2/3}$$
$$- 資本減耗率 \ d \times 資本 \ k$$

のように表せます。この場合の経済も、初期の資本の値によらず、定常状態 ($\Delta k = 0$) に収束します。定常状態での資本を k^* とします。

ここで、人的資本の水準が h から h^+ に上昇したときに資本、そして国内総生産がどのように変化するのか見てみましょう。図 7-2 では、人的資本水準が h のときの投資関数（点線）、人的資本水準が h^+ に上昇したときの投資関数（実線）、そして資本減耗線の計 3 つの線が、それぞれ資本の増加関数として書かれています。図において、人的資本水準が h のときの定常状態は点 E_1 であり、E_1 における 1 人当たり資本の値は k^* に等しくなっています。

ここで、人的資本水準が h^+ に増えると、投資関数が上方に（実線から太線に）移動します。したがって、この経済の定常状態は、E_1 から、人的資本水準が上昇した後の投資関数（実線）と資本減耗線（点線）の

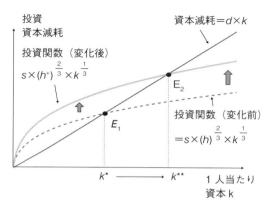

図 7-2　人的資本の増加と物的資本

交点 E_2 に移ります。そして資本の値は k^{**} になります。元の資本の値より増えていることがわかります。ここまでの状況の変化は、第 5 章で説明した投資率の変化と似ています。

　しかし、資本が（k^* から k^{**} に）蓄積されることによる国内総生産の増え方はこれまでとは少し違います。投資率が変化する場合、資本蓄積に伴う国内総生産の増加は、（投資率によらず形を変えない）生産関数に沿ったものでした。しかしこの場合、人的資本の蓄積により生産関数自体が上方にシフトするため、その面でも国内総生産は増えます。図 7-3 は生産関数のグラフを、人的資本水準が上がる前（点線）と上がった後（実線）の両方について描いています。この図からもわかるように、人的資本水準が上がることにより総生産は、①資本の増加と②人的資本水準の上昇による生産関数のシフト、という 2 つの要因により増加します。図において、国内総生産は人的資本水準の上昇とともに y^* から y^{**} に増加します。

　なお、人的資本が国内総生産を押し上げるこのメカニズムは、第 5 章でふれた、社会資本蓄積の効果の分析にもそのまま当てはめることができます。社会資本の増加は、（社会資本の量を考慮に入れた）生産関数の上方へのシフトを通し、物的資本の増加を引き起こし、国内総生産の

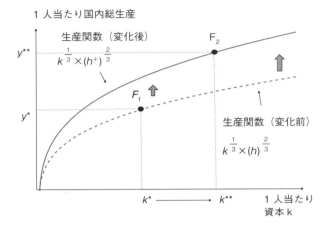

図 7-3　人的資本の増加と経済成長

水準を増加させます。

7-4　データとの整合性

　実際、人的資本が経済成長にどのような影響があるかについては様々な形で研究が進んでいます。図7-4は、1人当たり国内総生産と、先述の人的資本指数との関係を散布図で示したものです。ここでは2019年におけるデータを用いています。確かに人的資本指数の高い国の方が1人当たり国内総生産の点数も高いことがわかります。この結果は、人的資本の上昇が国内総生産の増加を促すという、先の理論的結果と整合性があります。

　しかしながら、注意しなくてはいけないことは、この散布図が示していることは因果関係ではなく、単なる相関関係であるということです。当然ながら経済成長つまり所得の増加が教育水準を高めるという逆の面もあります。1人当たり所得が上がるにつれ、子どもを塾あるいは大学に通わせる金銭的余裕が生まれる世帯もふえるでしょう。しかしより厳密な計量経済分析を行ったスタンフォード大学のハニュシェク教授

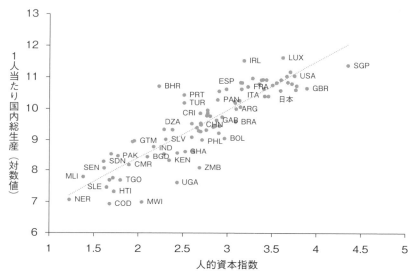

図7-4　人的資本指数と1人当たり国内総生産との関係（2019年）

出典：Penn World Table 10.0 より作成

参考：Weil（2013. 図 6.11）

（Hanushek and Woessmann（2008））など多くの研究者が、やはり教育から経済成長への正の因果関係があるということを見出しています。

　人的資本水準を示す指数として、Penn World Table の人的資本指数ではなく、PISA の点数を用いた研究も行われています。OECD（2010）及び Weil（2013）は、PISA の点数と1人当たり国内総生産の水準、あるいは経済成長率との間に正の関係を見出しています。

　なお、これまで人的資本を定数としてとらえてきましたが、物的資本同様、人的資本も投資によって蓄積が行われます。人的資本投資とはすなわち「教育」のことです。教育には、小中学校など学校で受ける教育だけでなく、学校を卒業して働き始めた後に勤務先の企業において受ける教育・研修など、様々なものがあります。物的資本と人的資本の双方が蓄積することにより持続的な経済成長がもたらされるような経済モデルとしては Lucas（1988）により構築されたルーカスモデルが有名です。

　物的資本と同様に、人的資本もその限界生産物が逓減します。それは
つまり、ほかの条件が変わらない中、人的資本のみの蓄積が進んだとし
ても、1 人当たり国内総生産の水準は時間とともに一定の値に収束し、
それ以上の持続的増加を生まない可能性があるということを意味しま
す。持続的な経済成長を、物的資本あるいは人的資本単独の蓄積で実現
することは難しいといえます。2 つの資本の同時の蓄積が必要といえま
す。また、資本蓄積に加えて「生産性の向上」も重要です。このことに
ついては次の章で説明します。

7-5　人的資本としての健康

　これまで私たちは、人的資本を人々の持つ能力・学力としてとらえて
きました。しかし、人的資本は、そういった能力以外に、人々の健康状
態にも依存すると考えます。どんなに能力の高い人がいたとしても、そ
の人が不健康であれば、生産活動に長期的に貢献できません。よく「体
は資本」といいますが、経済学においては、人々の健康状態も人的資本
に影響すると考えます。

　人々の健康状態を国際比較可能な形で数値化することは容易ではあり
ません。ただ国民の健康状態はその国民の平均寿命の長さにある程度反
映されると解釈できます。Weil（2013）が示すように、国々の 1 人当た
り国内総生産の水準とその国における平均寿命との間には強い正の関係
があることが知られています。図 7-5 は 2019 年段階における、世界各
国の平均寿命と 1 人当たり国内総生産（対数値）の間の関係の散布図を
示したものです。確かに両者の間には正の関係があります。

　Weil（2013）が述べているように、この関係は、どちらか片方から片
方の因果関係を示しているのではなく、以下の側面を両方反映している
ものといえます。

1.　国民が健康であればその国でより多くの生産物を生産・消費できる。
2.　国民が物質面で豊かになればなるほど健康で長生きになる。

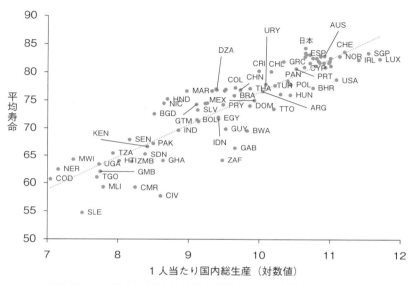

図 7-5　1 人当たり国内総生産と平均寿命との関係（2019 年）

出典：World Bank Database と Penn World Table 10.0 より作成
参考：Weil（2013, 図 6.2）

　いずれにせよ、健康状態がよくなれば、労働の量や質を高め、生産を長期的に押し上げる方向に働くことは間違いないといえるでしょう。

7-6　経済成長モデルの実証分析

　経済成長モデルの妥当性を実証分析したパイオニア的な研究として、Mankiw, Romer and Weil（1992）が挙げられます。以降この論文をMRW 論文と呼ぶことにします。MRW 論文は、物的資本と人的資本の双方の蓄積及び人口と生産性の増加を考慮した経済成長モデルを構築し、そのモデルにおいて、1 人当たり国内総生産が何に依存するかを明確化し、さらにその結果の当てはまりについてデータを用いて確認しました。MRW 論文においては、人的資本の蓄積や生産性の上昇などを明示したモデルが分析されていますが、ここではそれを簡略化したものを

使って、MRW 論文の概要を説明します。

　ここで、1 人当たり生産関数として（7-2）式つまり $y = k^{1/3} \times h^{2/3}$ を仮定します。引き続き生産性の値は 1 であるとします。人口増加のある経済成長モデルのところで説明したように、投資は新世代への資本の配布にも用いられ、1 人当たり資本 k の蓄積に関する成長方程式は、投資率を s、資本減耗率を d、人口増加率を n としたとき、（6-1）式つまり $\Delta k = s \times y - (d + n) \times k$ として与えられます。

　定常状態における 1 人当たり資本 k^* は、コブ・ダグラス型生産関数を考慮した成長方程式 $\Delta k = s \times k^{1/3} \times h^{2/3} - (d + n) \times k$ において $\Delta k = 0$ とおき、k について解くことで

$$1\text{人当たり資本 } k^* = \text{人的資本 } h \times \left(\frac{\text{投資率 } s}{\text{資本減耗率 } d + \text{人口増加率 } n} \right)^{3/2} \tag{7-3}$$

として表現できます。

　（7-3）式より、定常状態において、1 人当たり国内総生産 $y = h^{2/3} \times (k^*)^{1/3}$ の値は $y = h \times \left(\dfrac{s}{d + n} \right)^{1/2}$ と表せます。ここで、資本減耗率 d の値が各国で共通であったとします。この場合、1 人当たり国内総生産 y の値が国によって異なったとすると、その差は、投資率 s、人口増加率 n 及び 1 人当たり人的資本の水準 h の 3 要素に関する差によって生じることになります。ここで 1 人当たり国内総生産の値を示した（7-3）式の両辺の対数をとると、$\log(y) = 1/2 \log(s) + \log(h) - 1/2 \log(d + n)$ となります。一般的に、各国経済の状況が定常状態にあり、そして生産性の水準や資本減耗率が各国で変わらないと仮定するならば、1 人当たり国内総生産、投資率、人的資本水準、人口増加率の対数値について以下の 1 次式が成立することになります。

$$\log(y) = 係数 \times \log(s) + 係数 \times \log(h) + 係数 \times \log(n + 定数)$$
$$+ 定数 \qquad\qquad (7\text{-}4)$$

　これまで説明してきた経済成長モデルに基づけば、投資率 s、人的資本 h（の対数値）につく係数はそれぞれプラスであり、そして人口増加率 n + 定数（の対数値）につく係数はマイナスのはずです。

　MRW 論文は世界約 100 か国を対象に、1965 年から 1985 年までの 20 年間のデータを用いて上の定数を統計的に推計しました。そして係数の符号（プラスマイナス）が経済成長モデルと整合的であることを示しました（MRW 論文においては、人的資本水準 h として平均通学年数を用いています）。

　なお、MRW 論文は、上の説明で 1 とおいていた生産性が、世界共通の一定の割合 g で成長すると仮定しています。この場合、推計式（7-4）の右辺第 3 項（$\log(n + 定数)$）において人口増加率 n の後にくる定数は、資本減耗率 d と生産性上昇率 g の和に等しくなります。MRW 論文はこの値を 5 ％としており、以降においてもこの定数の値は 5 ％に等しいと仮定します。

　以下ではより最近の 1989 年から 2019 年までの 30 年間のデータを用いて、（7-4）式と同様の式を推計します。MRW 論文の手法に従い、投資率 s、人口増加率 n そして人的資本水準は 1989 年から 2019 年までの平均値を利用します。一方、左辺の 1 人当たり国内総生産 y としては、最新年である 2019 年のデータを使います。分析においては、人的資本水準として、平均通学年数ではなく、Penn World Table が公開している人的資本指数を用います。表 7-1 はその推計結果を示しています。投資率の係数は正、人口増加率の係数は負、そして人的資本水準の係数は正となっており、統計的にも有意となっています。このことは、経済成長モデルの理論的予測がデータとも整合的であることを示しています。人的資本、物的資本の蓄積が 1 人当たり国内総生産の値に大きな影響を与えていること、そして人口増加は 1 人当たり国内総生産を減らす傾向

表 7-1　経済成長モデルの推計（1989
年〜2019 年）

非説明変数：log（1 人当たり国内総生産）	
説明変数	係数
定数	3.81*** （1.24）
人口増加率 n（＋5 ％）	− 1.34*** （0.47）
投資率 s	1.16*** （0.12）
人的資本水準 h	0.71*** （0.21）
標本数	88
自由度修正済み決定係数	0.80

注：カッコ内は標準誤差。*** は有意水準 1 ％
出典：Penn World Table 10.0 より作成
参考：Mankiw, Romer and Weil（1992）

にあることがわかります。

　これらの推計結果は、日本における投資率の低迷が、日本の近年の経
済成長の鈍化の要因の 1 つとなった可能性、そして一方、日本の高い人
的資本水準及びその着実な増加が、経済成長を下支えした可能性を示唆
しています。

　なお、この結果は、各国の生産性上昇率の水準が同じであるというや
や非現実的な仮定の下で導出されており、批判も数多くあります。たと
えばヘルプマン（2009）において説明がなされているように、生産性が
各国において異なることを仮定して分析を行うと、投資率や人的資本が
経済成長に与える影響は弱まるとする研究結果もあります。生産性の重
要性については次章で詳しく説明します。

7-7　経済成長の収束

　ここでは、経済成長率に関する各国のばらつき具合が時間とともにど

のように収斂するのかについて説明します。

7-7-1　絶対的収束と条件付き収束 ────────────

　先述の経済成長モデルが明らかにしたことは、生産性や投資率、人的資本水準といった生産の構造がもし同じであれば、世界各国の1人当たり国内総生産の値は、スタート段階における生産要素の水準によらず、最終的には同一の値に収斂していくということです。異なる国の1人当たり国内総生産が長期的に同じ値に落ち着くという考え方を収束仮説といいます。Barro（2015）によれば、経済成長には収束の鉄則（Iron law of convergence）と呼ばれている経験則があります。それは、各国の1人当たり国内総生産が毎年約2％の割合で近づいていくというものです。この鉄則によれば、第1章で説明した70の法則を用いると、ある国と別の国との間で、1人当たり国内総生産に差があったとすると、その差は $70 \div 2 = 35$ 年で半分に減ることになります。

　経済成長論においては、収束に関して σ 収束と β 収束という二つの考え方があります。以下では、Young, Higgins and Levy（2008）にしたがってこれらの考え方を説明します。まず、σ 収束とは、世界各国の1人当たり国内総生産（の対数値）の分散が時間とともに減少していくということです。次に、初期時点での1人当たり国内総生産の低い国の方が高い国よりその後の経済成長率が高いとき、β 収束が成立しているといいます。初期値が低い国の成長率が高いということは、それは時間がたつにつれ低所得の国が高所得の国に追いつくことを意味しています。本書においては主に β 収束に着目して説明を行います。σ 収束については巻末（巻−6）で説明します。

　経済成長の収束には2つの考え方があります。一つは条件付き収束、そしてもう一つは絶対的収束というものです。条件付き収束とは、もし2つの国の生産に関する諸条件（生産性、投資率や生産関数の形状など）が同じであれば、両国の1人当たり国内総生産が収束するという考え方です。一方絶対的収束とは生産に関する諸条件の違いにもかかわらず

国々の 1 人当たり国内総生産が収束するという考え方です。上で説明した収束の鉄則における「収束」についても、条件付きと絶対的収束の双方の収束の観点で定義されます。

7-7-2　経済成長率のちらばり

　Jones and Romer（2010）は、1960 年の段階での 1 人当たり国内総生産を横軸に、そしてそこから 2000 年までの 40 年間の平均経済成長率を縦軸にとった散布図を作り、その形状が、三角形（▷の形）になることを見出しました。このことは、特にスタートの段階での国内総生産の値が低い国々については、その後の経済成長率に大きな違いがみられるということを意味します。

　図 7-6 は、Jones and Romer（2010）の研究に従い、世界の 89 か国について、1989 年をスタートとし、その段階での各国の 1 人当たり国

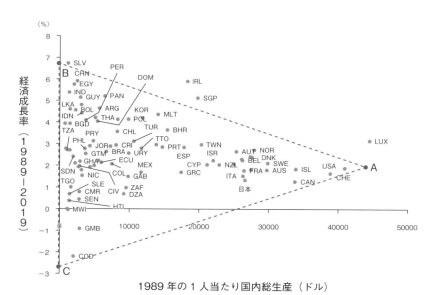

図 7-6　諸外国における収束と分散

出典：Penn World Table 10.0 より作成
参考：Jones and Romer（2010, fig 3）

内総生産を横軸に、そしてそこから30年間の平均経済成長率を縦軸に
とった散布図を示したものです。この場合も Jones and Romer（2010）
のように、散布図の形が三角形となっていることがわかります。この三
角形の3つの頂点をそれぞれ A, B, C とします。右側の頂点 A の近く
にはルクセンブルク（LUX）が、左上方向の頂点 B の近くにはエルサ
ルバドル（SLV）や中国（CHN）が、そして左下方向の頂点にはコン
ゴ（COD）があります。点 A 付近には、スタート時点での1人当たり
国内総生産が最も高かった国々が、そして点 B（C）付近には、スター
ト時点での1人当たり国内総生産が最も低かった国々の中でその後の経
済成長の程度が最も高かった（低かった）国々がそれぞれ位置していま
す。

　辺 AB 上には、スタート時点での国内総生産の値を固定したときに最
も成長した国々が位置しています。これらの国々を「フロンティア」上
の国々と呼ぶことにします。辺 AB は右下がりですので、これらの「フ
ロンティア」上の国々に関して言えば、最初の国内総生産の値が低い国
の成長率のほうが高いことがわかります。つまり、点 B 付近に位置す
る中国と点 A 付近に位置するルクセンブルクとの所得格差はこの30年
で相当縮小したことになります。これらの国々に関して言えば、確かに
国内総生産の値は収束しつつあるといえます。

　しかし、フロンティア上にない国々については成長率が収束している
とは言えません。初期の時点の所得が低くなればなるほど、その後の成
長率の格差が激しくなっていることがわかります。この図を見る限り、
どの国の1人当たり国内総生産の値も同じ値に近づくという絶対的収束
仮説は成り立っていないようです。

　先述の MRW 論文が明らかにしたように、投資率や人的資本水準が
異なる国の国内総生産は、収束するにしても違う値に収束すると考える
のが妥当といえます。なお、この図からは日本は、1人当たり国内総生
産が1989年現在で26000ドル近辺であった国々の中で、その後の経済
成長率が最も低いこともわかります。

7-7-3　条件付き収束仮説についての実証分析 ────────

　著名な経済成長論の研究者である Barro は、Barro（2015）におい
て、条件付きの β 収束仮説の成立についてパネルデータを用いて明ら
かにしました。具体的には、各国の経済成長率が、国内総生産の水準
と、他の様々な経済変数 x に関する（1 次）式として

> 経済成長率＝ a ×国内総生産＋ b ×経済変数 x ＋定数

として表せると仮定し、係数 a, b の値及び定数の値を統計的に推計しま
した。なお、上の推計式は簡略化して表現しており、経済変数 x には、
投資率、出生率、人的資本水準を示す通学年数や政府支出比率、インフ
レ率や対外開放度など様々なものが含まれています。Barro（2015）は
これらの変数のそれぞれについて係数を推計しています。

　Barro（2015）は、初期時点での国内総生産の値につく係数 a が統計
的有意にマイナスであることを示しました。このことは、もし投資率や
出生率あるいは人的資本水準による違いをコントロールしたならば、経
済成長率は初期時点の国内総生産の値が大きくなればなるほど下がると
いうこと、つまり経済は収束の方向に向かうことを意味しています。な
お、Barro（2015）における上の式の推計においては、係数 b として、
投資率、通学年数につく係数の符号はプラスであり、一方、人口増加率
と正の関係がある出生率につく係数はマイナスとなっています。この結
果はこれまで説明してきた経済成長モデルの分析と整合的といえます
（Barro（2015）においては、推計手法によって、これらの係数が統計的
に有意でなくなる場合もあります）。

第 7 章のポイント

- 各国の人的資本の水準は、国民の平均的な学校通学年数や、国際比較可能な試験の点数などを用いて測る。

- 人的資本指数の高い国の 1 人当たり国内総生産は高い傾向がある。

- 人的資本蓄積は、生産に貢献する労働の質を高めることで国内総生産の増加に貢献する。

- 世界各国の 1 人当たり国内総生産の値が時間とともに近づいていく仮説を収束仮説と呼ぶ。

第8章

生産性と経済成長

これまでは、主に資本蓄積の観点から経済成長を分析してきました。
第7章でも述べたように、国内総生産の持続的増加には、生産要素だけでなく、
生産性の増加が欠かせません。本章では生産性の変化が経済成長に与える
影響について説明します。

8-1 生産性水準を考慮に入れた場合の経済成長モデル

これまでの経済成長モデルの分析においては、議論を簡単にするため、生産性の水準を1と仮定していました。ここでは生産性が変化する場合の経済成長モデルについて説明します。引き続き労働分配率が2/3のコブ・ダグラス型生産関数を仮定すると、生産性を考慮する場合、国内総生産 Y と生産要素及び生産性の関係は

国内総生産 $Y =$ 生産性 $A \times$ (資本 K)$^{1/3} \times$ (労働 L)$^{2/3}$

と表せます。この式の両辺を労働 L で割ることにより、1人当たり国内総生産 y を1人当たり資本 k の関数として以下のように表せます。

1人当たり国内総生産 $y =$ 生産性 $A \times$ (1人当たり資本 k)$^{1/3}$

生産性を考慮する場合、1人当たり資本の増加 Δk と1人当たり国内総生産 y、及び1人当たり資本 k との関係を示す成長方程式つまり (5-8) 式（$\Delta k = s \times y - d \times k$）は以下のように表現できます。

$\Delta k =$ 投資率 $s \times$ 生産性 $A \times k^{1/3} -$ 資本減耗率 $d \times k$

　生産性 A の値が一定の場合、これまでと同様に、1 人当たり資本 k は時間がたつとともに一定の値に近づき、定常状態において、k の値は変化しなくなります。

　投資率同様、生産性は長期的な国内総生産の値に大きな影響を与えます。ここでは、生産性 A が増加することにより、経済にどのような影響が起きるかを考えてみましょう。投資率 s、資本減耗率 d に変化はないものとします。また、以下の議論はすべて 1 人当たりの話ですが、文章を簡潔にするため、「1 人当たり」の言葉を一部省略します。

　今、当初経済が、生産性 A のもと、定常状態にあり、その後何らかのきっかけで生産性が A から A^+ に上昇したとします。図 8-1 では、資本 k を横軸にとった平面において、生産性が A のときの投資関数 $s \times A \times k^{1/3}$（点線・曲線）、生産性が A^+ に上昇したときの投資関数 $s \times A^+ \times k^{1/3}$（実線・曲線）、そして原点を通り、傾きが資本減耗率 d に等しい資本減耗線 $d \times k$（直線）の計 3 つのグラフが書かれています。生産性が A から A^+ に増えた場合、投資関数が上方に（点線から実線に）移動します。生産性が当初の値の A の状況での定常状態は、投資関数（点線）のグラフと資本減耗線との交点 E_1 です。ここで生産性の上昇により投資関数がシフトすることでこの経済の定常状態は、資本減耗線にそって E_1 から右上の E_2 に移ります。そして資本の値は k^{**} になります。元の資本の値 k^* より増えていることがグラフからわかります。人的資本の蓄積のときと同様、生産性の上昇は、①生産関数の変化と②資本蓄積の 2 つの経路から国内総生産を増やします。

　ただ、上記の説明においては、いったいどのようなメカニズムにより生産性の値が上昇するのかが明らかではありません。生産性が持続的に上昇する過程を明示的に描いた経済成長モデルの説明については、本章の 3 節で行います。

　なお、生産性の上昇がそれ自体資本の蓄積を生むという経済成長モデルの結果より、ヘルプマン（2009）は、経済成長の要因を生産関数に基づき生産性上昇、資本蓄積、労働の増加に分ける成長会計について批判

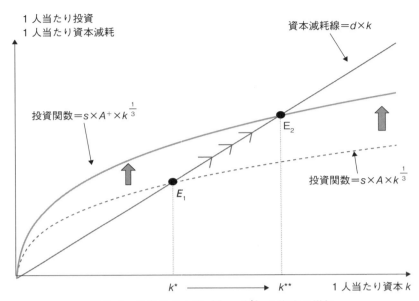

図8-1 生産性の上昇（A → A⁺）と資本の増加

をしています。それは、資本蓄積の相当の割合が生産性の上昇により「付随的」にもたらされたものであり、資本蓄積が単独で国内総生産を押し上げるわけではないというものです。ヘルプマン（2009）の主張に基づけば、成長会計に基づき資本の経済成長の貢献を計算すると、その値が過大評価されてしまいます。経済成長への資本蓄積の真の貢献については、今に至るまで様々な研究が行われています。例えば、Bond, Leblebicioglu, Schiantarelli（2010）は、75か国の過去40年に及ぶパネルデータを用いた計量経済分析を行い、資本蓄積はやはりそれ自体経済成長に正の影響を与えると結論付けています。

8-2 生産性とアイデア

第2章で説明したように、ある国の生産性はその国の企業が持つ技術水準と効率性によって決まります。経済成長論において各企業の技術水

準及びその上昇の程度は、主にその企業あるいはそこで働く労働者が生み出す「アイデア」の量に依存すると考えます。これから、アイデアとはそもそも何なのか、そしてどのようなメカニズムでアイデアが増えるのかについて説明します。

8-2-1　アイデアとは

　もともとアイデアとは、新しい考えという意味です。経済成長論におけるアイデアとは、これまで世の中に存在していなかった新しい生産物を生み出す際の設計図として解釈できます。

　経済学者のポール・ローマー氏は、アイデアの量が生産性を決める大きな要因であると考え、Romer（1990）などにおいて、資本に加え、アイデアが蓄積されることにより経済が持続的に成長し続けるような経済モデル（内生的経済成長モデル）を構築しました。

　ローマー氏は、スタンフォード大学のジョーンズ氏との共著論文（Jones and Romer（2010））において、この経済成長に貢献するアイデアの例として2つの有名な例（経口補水療法とクロス・ドッキング）をあげています。本項においては、この論文に基づき経口補水療法のアイデアについて説明します。

　谷口（2015）によれば、経口補水療法とは、水と糖質、そしてナトリウムなどの電解質を一定の比率で混ぜた経口補水液と呼ばれる液体を主に乳幼児に飲ませることにより、様々な病気を防ぐという治療法です。この液体そのものに特殊・高額な物質が含まれているわけではなく、糖質をはじめ、どこでも手に入るものばかりです。しかしそれらを上手に組み合わせた補水液を飲ませることにより、特に途上国における多くのコレラ患者を救ったといわれています。この「組み合わせ方」がアイデアとして画期的な医療サービスを生み出したことになります。

　経口補水療法は当初発展途上国におけるコレラの治療に用いられてきましたが、近年日本においては熱中症などに伴う脱水症状の患者に対しても用いられるようになりました。谷口（2015）によれば、より効果を

上げるため、経口補水液の成分を変えたりする研究も進んでいます。例えば、ナトリウムの成分を少なくすることにより一部の症状についてさらに効果が上がることがわかってきました。このように、あるアイデアがさらなる新しいアイデアを生むことがわかります。

　アイデアも資本や労働と同じく、一種の生産要素と考えることができますが、Jones and Romer（2010）が説明するように、アイデアには資本や労働と異なるある決定的な性質があります。それはアイデアには競合性がないということです。ある生産要素が競合性を持つとは、ある企業がその生産要素を使用した場合、別の企業がその生産要素を使用することができないということです。労働には当然ながら競合性があります。A さんがある時間に B 社で働いていたとすると、同じ時間において別の C 社が A さんを働かせることはもちろん不可能です。同様に資本にも競合性があります。

　前の章で資本の量を一定としたまま労働だけを増やしていっても、その労働の生産への追加的な貢献量は減っていくという労働の限界生産物の逓減を説明しましたが、この一つの理由は、資本に競合性があるため、労働者 1 人の利用できる資本の量が、労働の増加とともに減っていくためでした。しかしアイデアの場合、競合性がないため、労働者が増えていってもその労働者が利用できるアイデアの量は 1 人当たりでみて変わりません。このことは、アイデアの増加による生産への影響が、他の生産要素による生産への影響より大きくなるということを意味します。

　限界生産物が逓減する場合、最終的に 1 人当たり国内総生産は一定の値に収束してしまうということをこれまで度々述べてきましたが、ローマー氏は、このアイデアの蓄積が生産要素の蓄積と同時に行われる場合、持続的な経済成長が実現することを理論的に示しました。その研究が評価され、ローマー氏は 2018 年にエール大学のノードハウス教授とともにノーベル経済学賞を受賞しました。下の記事は両者の貢献を紹介する記事（日本経済新聞電子版（2018b））の抜粋です。

新聞記事 4：ノーベル経済学賞にノードハウス氏ら「炭素税」提唱（2018 年 10 月 8 日　日本経済新聞電子版）スウェーデン王立科学アカデミーは 8 日、2018 年のノーベル経済学賞を米エール大のウィリアム・ノードハウス教授（77）と米ニューヨーク大のポール・ローマー教授（62）に授与すると発表した。ノードハウス氏は温暖化ガスの排出に課税する「炭素税」の提唱者で知られる。アカデミーは気候変動や技術革新と経済成長の関係を定式化した研究を評価した。（中略）一方、ローマー氏はイノベーション（技術革新）が経済成長の源泉であるとする「内生的成長理論」を確立した。従来の成長論では発展途上国の経済は資本や労働力の投入により一定水準に落ち着くとしていた。これに対し同氏は、知識やアイデアの蓄積度合いにより、国ごとの成長経路が異なることを立証した。（後略）

　なお、もう一人の受賞者であるノードハウス氏の貢献については第11 章でも触れます。また、内生的成長理論に基づく経済成長モデルは、本章の第 3 節にて解説します。

8-2-2　研究開発とアイデアの蓄積

　アイデアの蓄積を促す要因には様々なものがあげられますが、最も大きな要因は研究開発（Research and Development, R&D）です。研究開発にはまずその元手となる資金が必要です。図 8-2 は、文部科学省科学技術・学術政策研究所（2021）のデータをもとに、主要国の人口 1 人当たり研究開発費の最近 30 年の推移を示したものです。日本は 1 人当たりでみると他の先進国に劣らない額の研究開発投資をしているものの、その伸びは近年やや弱くなっていることがわかります。

　研究開発が生産性に与える影響については様々な研究が行われています。Guellec and van Pottelsberghe de la Potterie（2001）は、OECDの 11 か国のデータをもとに、研究開発投資額が高い国のほうが生産性

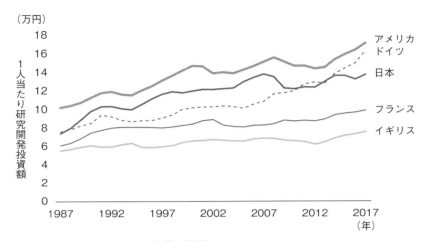

図 8-2　1 人当たり研究開発費の推移
出典：文部科学省 科学技術・学術政策研究所「科学技術指標 2021」（表 1-1-1）及び Penn World Table 10.0 より作成。

が高まることを示しました。一方 European Commission（2011）は、研究開発を考慮に入れた成長会計の手法をドイツやアメリカの経済にあてはめ、研究開発投資を 1 ％増やしたら生産性が何％増えるかという弾力性を計算しました。そしてその弾力性がドイツで 0.15、アメリカで 0.11 であることを導きました。つまり研究開発投資を 10 ％増やすと生産性がおおよそ 1 ％増えるという計算になります。個別データを用いた研究については、Parisi, Schiantarelli, and Sembenelli（2006）が、イタリアの企業データを用いて、研究開発投資が、新しい生産物を作る確率を高め、生産性を高めることに貢献することを明らかにしました。

　ただ、研究開発の成功に必要なのはお金だけではもちろんなく、実際研究に携わる「人」がいてこそ成功が可能です。図 8-3 は、（図 8-2 と同じく）科学技術・学術政策研究所提供のデータをもとに、主要国の人口 1 万人当たり研究者数の推移を示したものです。日本の研究者数の水準は高いものの、諸外国から徐々に追い上げられていることがわかります。

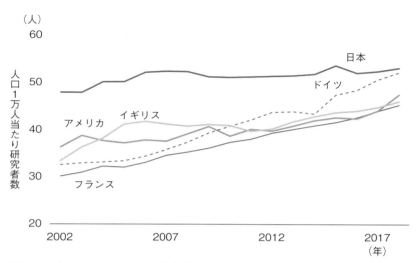

図 8-3　人口 1 万人当たり研究者数の推移

出典：文部科学省 科学技術・学術政策研究所「科学技術指標 2021」（図表 2-1-3）及び Penn World Table 10.0 より作成。

8-3　内生的経済成長理論入門

　本節においては、研究投資活動がアイデアの集積を生み、それが持続的な経済成長の原動力となるような経済成長モデルである内生的経済成長モデルを紹介します。

8-3-1　生産の構造

　ローマー氏が Romer（1990）などにおいて開発した経済成長モデルは、別名プロダクト・バラエティーモデルといわれます。このモデルは財、特に中間生産物の種類が増えることを通して経済が成長していく過程を描いた経済成長モデルとなっています。以下では中間生産物のことを「部品」と呼びます。確かに自動車、あるいはスマートフォンをとってみても、多くの部品の集積により高度な機能が提供されており、これらの場合、部品の種類の数が増えることを通して生産物の付加価値が増

えているといえます。この経済成長モデルにおいては、部品の種類の総
数が経済全体のアイデアの量として解釈されます。

　プロダクト・バラエティーモデルにおける生産の構造は主に以下のよ
うになっています。

①生産物は、一種類の最終生産物と複数種類の部品からなる。

②最終生産物を生産する際の生産要素は部品と労働からなる。最終生産
　物は消費及び投資に用いられる。

③部品の生産要素は資本のみである。

④労働者は、その総数が一定であり、新しい種類の部品を生み出すため
　の研究開発か最終生産物の生産かいずれかの活動に従事する。

⑤ある時点から次の時点にかけて部品の種類（プロダクト・バラエ
　ティー）が増加する量は、その時点において研究開発に従事する労働
　者の数、そしてその時点で存在する部品の種類の数の双方に依存（比
　例）する。

　以下では、研究開発に従事する労働者を「研究者」、そして最終生産
物の生産に従事する労働者を「生産労働者」と呼ぶことにします。これ
までは、資本と労働を組み合わせることで最終生産物が直接生産される
という仮定をおいていましたが、内生的経済成長モデルにおいては、最
終生産物は、生産労働者の提供する労働と、複数種類ある部品とを組み
合わせることで生産されます。

　ある時点においてA種類の部品（第1部品、第2部品、…第A部品）
が存在するとすると、この時点においてはこれらA種類の部品と労働
を使用して最終生産物が作られます。ここで、A種類ある部品のうち、
第i種類目の部品（$i=1, 2, \cdots, A$）が最終生産物の生産に使用される量
を$x(i)$で表します。そして、最終生産物の生産量つまり国内総生産Y
と部品の量、生産労働との間に以下の生産関数の関係があるとします。

$$
\text{総生産 } Y = \{(x(1))^{1/3} + (x(2))^{1/3} + \cdots (x(A))^{1/3}\} \\
\times (\text{生産労働者数})^{2/3} \tag{8-1}
$$

この生産関数は、コブ・ダグラス型生産関数に構造が似ていますが、計 A 種類の部品がそれぞれ生産に貢献していることを示しています。例えば、最終生産物が焼きそば 1 種類で、焼きそばの生産に必要な原材料（部品）が小麦（麺）と野菜（もやし）の 2 種類だけだったとすると、(8-1) 式に基づく焼きそばの生産関数は以下のように表されます。

$$生産 = \{(小麦の量)^{1/3} + (野菜の量)^{1/3}\} \times (焼きそば生産の労働者数)^{2/3}$$

ここで、小麦、野菜に加え、調味料を入れることでより価値のある焼きそばができることがわかったとすると、この新しい焼きそばの生産関数としては

$$生産 = \{(小麦)^{1/3} + (野菜)^{1/3} + (調味料)^{1/3}\} \times (生産労働者数)^{2/3}$$

といった形が考えられます。このように、財の生産に用いられる中間投入物の種類が増えることを通して財自体の価値が上がっていく過程を示すのがプロダクト・バラエティーモデルです。

以下では、単純化のために、生産物の生産のための部品の投入（使用）量が種類によらず同じ値 x であるとします。この状況は式で $x(1) = x(2) = \cdots = x(A) = x$ と表せます。この場合、総生産と部品の種類の数との関係は

$$\begin{aligned}総生産\ Y = 部品の数\ A &\times (部品 1 種類当たり使用量\ x)^{1/3} \\ &\times (生産労働者数)^{2/3}\end{aligned} \tag{8-2}$$

として表されます。

次に部品の生産について説明します。ここでは、各種類の部品を作るには資本のみが必要で、種類によらず、部品の生産 1 単位当たりに必要な資本が 1 単位であるとします。この場合、各部品を x 単位生産するの

に必要な資本の量はちょうど x 単位となります。合計 A 種類の部品が
あり、各種類の部品の使用量が x であるならば、それらの積 $A \times x$ が、
部品の生産に用いられる資本の総量となります。つまり、経済全体の資
本の合計が K のとき、以下の式が成立します。

$$\text{部品1種類当たり使用量 } x = \frac{\text{資本の総量 } K}{\text{部品の種類数 } A} \tag{8-3}$$

　ここで、(8-3) 式を (8-2) 式に代入し整理することにより、生産関
数を以下のように表せます。

$$\text{総生産 } Y = (\text{部品の種類数 } A)^{2/3} \times (\text{資本 } K)^{1/3} \times (\text{生産労働者数})^{2/3} \tag{8-4}$$

　この式は、部品製造に用いられる資本の総量 K が同じであっても、
部品の種類 A が多いほど生産が増えることを意味しています。部品の
数が多くなると、部品1種類当たりで見たときに投入される資本の量は
少なくなります。この場合、限界生産物の逓減の法則より、その資本が
生産物の生産に貢献する程度は増します。そのため、総生産は資本、労
働に加え、部品の数の増加関数となります。

8-3-2　生産・研究開発への労働の貢献

　以下ではトータルの労働量（＝人口）を L、そしてそのうち研究開発
に従事する労働者（以下研究者と呼びます）の割合を p とします。仮定
よりすべての労働者が研究開発か最終生産物の生産のどちらかに従事す
るため、生産労働者の割合は $1-p$ となります。労働量 L 及び研究者の
割合 p は一定であると仮定します。この場合、研究者の数は $p \times L = pL$、そして生産労働者の数は $(1-p) \times L = (1-p)L$ となり、こちらもと
もに一定となります。

　総数が pL だけ存在する研究者は、研究開発に携わることで、新しい部品を生み出します。ここでは、今年から来年にかけて新しく生み出されるアイデアつまり部品の種類を ΔA とし、アイデアの増加率 $\Delta A / A$ が、研究者数に比例するとします。この場合、部品の種類の増加は以下のように表現できます。

$$\text{部品の種類の増加率}\ \frac{\Delta A}{A} = \text{比例定数}\beta \times \text{研究者数}(pL) \qquad (8\text{-}5)$$

　ここで定数 β は正の実数です。この式は、アイデアの増加量 ΔA が、研究者数 pL と現存するアイデアの総量 A の双方に比例することを意味しています。この式はアイデアの生産関数を示す式といえます。
　一方、生産労働者の量は $(1-p)L$ に等しいため、最終財の生産については（8-4）式より以下のような式が成り立ちます。

$$\text{総生産}\ Y = (\text{資本}\ K)^{1/3} \times (\text{部品数}\ A \times \text{生産労働者数}(1-p)L)^{2/3}$$
$$(8\text{-}6)$$

　投資率 s を一定とすると、国内総生産と資本の増加との間にはこれまで同様に、成長方程式 $\Delta K = sY - dK$ が成り立ちます。この経済成長モデルは、アイデアの増加を決める式（8-5）と、最終生産物の生産関数を示す（8-6）式、そして資本の増加を決める成長方程式（$\Delta K = sY - dK$）の3つにより記述されます。
　資本と生産性それぞれについての差分方程式の組み合わせとして経済モデルが定義されており、複雑そうに見えますが、その構造は第6章で取り扱った、人口が増加する経済成長モデルとよく似ています。今、（8-6）式において、右辺の2番目の項に表れる変数「部品数×生産労働者数 $=(1-p)L \times A$」をまとめて新しい変数 N で表すことにします。この場合、総生産 Y は資本 K、変数 N を用いて $Y = K^{1/3} \times N^{2/3}$ のように

コブ・ダグラス型で表記できます。変数 N は部品数 A に比例している
ため、その増加率は A の増加率つまり $\beta \times pL$ に一致します。ここで、
変数 k を比率 K/N として定めることにすると、人口増加を考えた第 6
章と同様の議論により、変数 $k = K/N$ は以下のような成長方程式を満
たすことがわかります。

$$\Delta k = (\text{投資率 } s) \times k^{1/3} - (\text{資本減耗率 } d + \text{定数} \beta \times \text{研究者数 } pL) \times k$$

　この経済成長モデルには以下の特徴があります（説明は巻末（巻 – 7）
で行います）。
①時間がたつにつれ、1 人当たりでみた経済成長率が一定の定常状態
　（定常成長）に収束する。
②定常状態において、経済成長率、資本の増加率は部品の種類の数（＝
　アイデア）の増加率に一致する。
③経済成長率は、研究開発に従事する人が多いほど高くなる。

　これまで説明してきた成長モデルにおいては、資本の蓄積が進むにつ
れ、国内総生産の値が徐々に頭打ちになりました。しかしこのローマー
が構築した内生的経済成長モデルは、経済が持続的に一定のプラスの成
長をし続けるという点で、今までの成長モデルとは大きく異なります。

　ところで、経済学者のニコラス・カルドアは、マクロ経済の時間的推
移について、世界各国に共通するいくつかの「法則性・規則性」を見出
し、それを 1961 年にまとめて発表（Kaldor（1961））しました。彼の発
見は「カルドアの事実」として知られています。それらは主に下の 5 つ
の項目からなります。
1）1 人当たり国内総生産は継続的に増加している。
2）1 人当たり資本は継続的に増加している。
3）資本係数（資本・国内総生産比率）は一定値で推移している。
4）資本収益率（金利）は一定の割合で推移している。
5）労働分配率・資本分配率の値は一定の割合で推移している。

　（このほかにも、カルドアの事実には、成長率の差に関する法則が含まれます）。図 8-4 は、日本の資本係数の推移を示したものです。確かにその値は 5.0 付近であまり変わっていないことがわかります。労働分配率が変わらないことはすでに第 4 章で示しています。

　実は、今説明した内生的経済成長モデルの定常状態における経済変数の挙動はこれらの「事実」と整合的です。詳しい説明は巻末（巻 − 7）で行います。

8-3-3　資源と経済成長

　これまで説明したローマー型内生的経済成長モデルは、様々な方向に応用・発展されています。本項においては、限りある天然資源の存在を考慮した場合の内生的経済成長モデルについて、Reikhof, Regnier and Quaas（2019）にもとづきその概要を説明します。本書第 1 章において「持続可能な」経済成長について言及しましたが、持続可能性を考える際に重要な論点の一つは、限りある資源をどう使いながら経済を発展さ

図 8-4　日本の資本係数の推移
出典：Penn World Table 10.0 より作成

せていくかということです。ここでは、総量が一定で、増えることがない資源が生産要素の一つとなっている場合を考察します。

　先ほどの例では、部品と労働を用いて最終生産物を作っていましたが、ここでは、生産要素として部品、労働に加え石油などの天然資源を考えます。今、ある年において使用する天然資源の量を R、部品の種類を A、各部品の使用量を x としたとき、この経済の最終生産物の生産関数が以下のように表せるとします。

> 総生産 Y＝ 部品数 A ×（部品使用量 x）$^{1/3}$
> 　　　　×（生産労働者数）$^{1/3}$ ×（資源の使用量 R）$^{1/3}$

　これまでと同様に、部品 1 単位の生産に必要な資本の量はちょうど 1 単位であるとします。

　石油をはじめとする天然資源は将来にかけて利用可能な総量が決まっていて、資本と違って投資などによりその量を増やすことはできません。この場合、今年の最初の段階における資源の量から今年の資源消費量を除いたものが、来年時点で利用可能な資源の総量となります。つまり資源の場合、使えば使うほど単調にその総量が減っていきます。ある年の最初における資源の量を X、その年において生産に使用する資源の量つまり資源の消費量を R、そしてその年から次の年にかけて資源の総量が変化する量を ΔX と書くとすると、以下の式が成立します。

> 資源の変化量 ΔX ＝（－1）× 今年の資源消費量 R

　例えば、2020 年の段階で利用可能な石油資源の価値が 100 であり、そのうち 2020 年に 20 だけ消費したとすると、2021 年の最初の段階における資源の量は 100 － 20 ＝ 80 となります。

　ここで、ある年に生産に用いる資源の量 R は、その年において利用可能な資源の総量 X の一定割合であるとし、その値を a とします。こ

の場合、資源の消費量は $R = a \times X$ と表せます。この資源を考慮した経済成長モデルにも定常状態があり、この状態における成長率は、これまでと同様、研究開発に投入される労働量の増加関数である一方、資源の使用率 a の減少関数となります。つまり資源を使い切るスピードが速ければ速いほど、定常状態での経済成長率は下がります。詳しくは巻末（巻 – 8）で説明します。

8-3-4　そのほかの内生的経済成長モデル ─────────

　内生的経済成長モデルには、上で示したローマー型プロダクト・バラエティーモデル以外にも種類があります。この項では、その中の 2 つ（準内生的成長モデルとシュンペーター型成長モデル）を紹介します。

　まずは、準内生的成長モデルについて説明します。ローマー型成長モデルにおいては、アイデアの蓄積を示す（8-1）式からもわかるように、ある時点から将来時点にかけてアイデアが増加する量 ΔA が、研究開発に充てられる労働量及び現時点で存在するアイデアの量 A の双方に比例することが仮定されています。

　しかし、生産要素に関して限界生産物が逓減するのと同様に、研究開発に従事する労働量が多くなればなるほど、あるいは現存するアイデアの量が多くなればなるほど、アイデアのさらなる増加は難しくなると考えられます。アイデアの生産量の増加を、研究開発に携わる労働者の数及び現存するアイデアの量の関数として表現した（8-5）式をアイデアの生産関数と呼びましたが、この場合、新しいアイデアの生産要素は、研究開発に従事する労働と、現存するアイデア自身となります。アイデアの生産についてもその限界生産物が逓減するという仮定に基づいて構築される経済成長モデルを準内生的成長モデル（semi-endogenous growth model）といいます。このモデルは Jones（1995）によって構築されました。

　少し表記が難しくなりますが、準内生的成長モデルにおけるアイデアの生産関数の式の一例としては以下のようなものがあげられます。

$$\text{アイデアの増加} \Delta A = \text{定数} \times \sqrt{\text{研究者数}(pL) \times \text{アイデアの量} A}$$

　上の式において、右辺が1/2乗されている（平方根がとられている）ため、アイデアの量についての限界生産物が、研究者数についても、アイデアの量についても逓減します（累乗の係数は1未満であればよく、1/2である必要はありません）。この準内生的成長モデルにおいては、Jones（1995）が示したように、アイデアの持続的増加には一定の人口成長が必要で、定常状態での経済成長率は、人口増加率に比例します。詳しくは巻末（巻 – 9）で説明します。

　次に、シュンペーター型成長モデルについて説明します。ローマー型成長モデルは、生産物の種類（バラエティー）が増加していく過程を通して経済成長のプロセスを表現していました。しかし、実際の経済は、新しく開発された、より質の高い生産物が、古くてより質の低い生産物を市場から撤退させることによっても成長していきます。一般に、古い財、あるいは生産プロセスが新しいものにとってかわられる過程をシュンペーター（1977）は「創造的破壊」と呼びました。この創造的破壊を描写した経済成長モデルをシュンペーター型内生的成長モデルといい、このモデルは Aghion and Howitt（1992）により構築されました。

8-4　経済成長率の低下とアイデア

　図8-5は、主要5か国の1人当たり経済成長率の過去40年間の推移を示しています。長期的な推移をみるため、各時点における経済成長率は、過去10年間の移動平均をとっています。このグラフを見る限り、日本を含む主要先進5か国の経済成長率は低下傾向にあるといえます。この傾向は、アイルランドなどの一部の国を除き、他の先進国においても見られます。

　先進国における経済成長率の長期的な低下傾向に関して悲観的な見方をしている経済学者の一人にノースウェスタン大学のロバート・ゴード

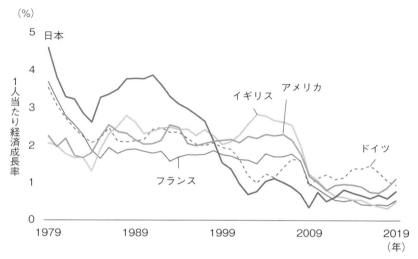

図 8-5　主要国の過去 40 年間の 1 人当たり経済成長率の推移
出典：Penn World Table 10.0 より作成

ン氏がいます。ゴードン（2018）はアメリカにおける過去約 80 年間に及ぶ技術革新を検証し、産業革命期における蒸気エンジンや鉄道の発明などと比べ、最近の技術革新、特に情報通信技術（ICT）分野における技術革新が生産性を上昇させる程度が弱いことを指摘しました。

　ゴードン（2018）はさらに、技術革新の弱体化に加え、格差拡大、教育問題、人口構造の変化、及び政府債務の拡大などの問題が重なり、これから経済成長が終焉を迎えるのではないかと主張しました。経済の低迷は資本主義のある種の宿命・限界であるという「長期停滞論」の考え方が大恐慌期の 1930 年代に Hansen（1939）などにより提唱されましたが、ゴードン氏は Gordon（2015）やゴードン（2018）などにおいて、この考え方が、生産性上昇が低下している今の時代にも当てはまると述べました。なお、長期停滞論を最初に提唱した Hansen（1939）及び、ゴードン氏同様長期停滞論が今日の経済にも当てはまると主張した Summers（2015）は、生産性の低下ではなく、需要の低下、特に投資需要の減退が長期停滞の原因であると述べており、現在も論争が続いて

います。

　しかしながら、近年の技術革新に関しもう少し楽観的にとらえている研究者もいます。Bloom, Jones, Van Reenen and Webb（2020）は、様々な国々及び産業のデータを用いて、一定率の生産性の上昇に必要な研究開発の投入量が年々増していることを示しました。このことは逆に、一定量の研究開発が生産性を引き上げる程度が徐々に弱まっていることを意味します。例えば医療分野に関して Bloom, Jones, Van Reenen and Webb（2020）は、がん患者の寿命を平均1年延ばすのに必要な医療系学術論文の数や臨床試験の数などが上昇傾向にあることを見出しました。

　一つの新しいアイデアの発見が生産性を高める効果の減退という点では、Bloom, Jones, Van Reenen and Webb（2020）もゴードン（2018）も同じ結論を得ています。しかしその理由として Bloom らは、決してインパクトのあるアイデアが枯渇してきているからではなく、研究開発についても限界生産物が逓減するからだとしています。つまり、彼らの主張によれば研究開発に投じるお金や人的資源を増やしていけば、これまでと（生産性へのインパクトに関し）同程度のアイデアの生産が可能ということになります。この状況は、Bloom, Jones, Van Reenen and Webb（2020）が指摘するように、ローマー型内生成長モデルよりもアイデアの限界生産物の逓減を仮定する Jones（1995）型準内生的成長モデルの方により近いといえるかもしれません。

　先に示したように、日本においては、研究開発への投資額及び人材投入量がともに伸び悩む傾向にあります。研究開発の（生産性上昇に関する）限界生産が逓減するという Bloom, Jones, Van Reenen and Webb（2020）の主張が日本にもあてはまるとするならば、日本の生産性上昇に関しては今後ますます困難が予想されるといえます。

8-5　生産性と効率性

　本節においては、アイデアの量以外に生産性に影響を与える要因である「効率性」について考えていきます。

8-5-1　限界生産物と効率性

　経済が効率的とは、限られた資源・時間を使って最大限の生産をしているような状態を指します。国レベルで見た生産関数に現れる生産性は、アイデアの量だけでなく、生産要素を企業間、産業間でどのくらい上手に配分しているかにも依存します。

　生産要素の配置、配分が生産性に与える影響について、簡単な例を考えてみましょう。ある国に、労働者が計 4 人（A、B、C、D）いて、彼らは各自 2 つの店（食堂と喫茶店）のいずれかで働くとします。店が用いる生産要素は労働のみであるとします。4 人の労働者の能力・資質は完全に同じであり、いずれかの店に 1 人当たり 1 単位の労働を供給します。この場合、2 つの店の用いる労働量の合計は 4 単位となります。

　各店の生産の構造は同じであり、限界生産物と総生産量はともに表 8-1 のように表されているとします（単純化のため、生産物 1 単位当たりの価格を 1 とします。このとき生産量と売上つまり生産額は一致します）。この表からもわかるように、生産には限界生産物逓減の法則が成り立っており、多く雇えば雇うほど、さらに 1 人を新たに雇うことによる売上の増加量は減少（$40 \rightarrow 30 \rightarrow 20 \rightarrow 10$）していきます。

　ここで、現時点で食堂が A, B, C の 3 人を、そして喫茶店が残りの 1 人の D を労働者として雇っているとします。便宜上、食堂で雇われて

表 8-1　店（食堂・喫茶店共通）の限界生産物と総生産量

労働者	1 人目	2 人目	3 人目	4 人目
限界生産物	40	30	20	10
総労働量	1 単位	2 単位	3 単位	4 単位
売上	40	$40 + 30 = 70$	$70 + 20 = 90$	$90 + 10 = 100$

いる 1 人目の労働者を A、2 人目の労働者を B、そして 3 人目の労働者
を C とします。食堂の使用する労働量は 3 単位、喫茶店の使用する労
働量は 1 単位となります。この時点で、A、B、C の計 3 人が働く食堂
の売上は、「1 人目 A の限界生産物 40」+「2 人目 B の限界生産物 30」+
「3 人目 C の限界生産物 20」= 90 であり、一方 D だけが働く喫茶店の売
上は 1 人目の限界生産物 40 となり、合計の売上は 90 + 40 = 130 となり
ます。

　ここで、食堂で働く労働者 C が、喫茶店に転職するとします。3 人目
の労働者である C の限界生産物は表 8-1 が示すように 20 です。つまり
この労働者が食堂で働くのをやめる場合、食堂における売上は 20 減る
ことになります。一方、喫茶店は今 1 人のみを雇っていますので、この
状況での喫茶店の限界生産物、つまり 2 人目を新たに雇うことにより新
たに生じる売上は同じく表 8-1 より 30 です。つまり労働者 C が転職
し、喫茶店において 2 人目の労働者となることで売上は 30 増え、計 40
+ 30 = 70 となります。食堂での売上は 20 減る一方、喫茶店での売上は
30 増えるため、2 つの会社を合わせた売上の合計の純増は、差し引き
30 - 20 = + 10 となります。つまり労働者 C が転職することにより、
トータルの売上は増えることになります。

　ここで、転職により売上が増えるのは、限界生産物の低い食堂から高
い喫茶店へと労働がシフトするためです。図 8-6 は、各労働者の限界生
産物、つまり自らが働くことにより売上を増やせる量を棒グラフに表し
ています。図 4-1 で示したように、限界生産物を全ての労働者について
加えたものがこの経済での総生産量となります。労働者 C が転職する
ことにより、トータルで見た売上が増えることがわかります。

　一般に、ある企業の労働の限界生産物が別の企業の労働の限界生産物
と異なる場合、限界生産物の低い企業から高い企業へ労働者が転職する
ことで総生産が増えます。そして、総生産量が最大化されている状況、
つまり効率的な状況において、労働の限界生産物は理論上各企業で一致
します。

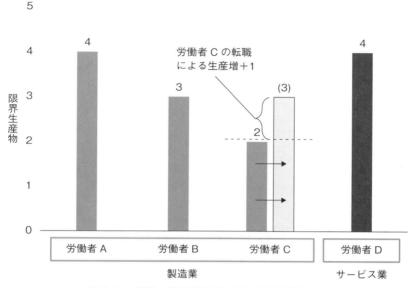

図 8-6　労働の限界生産物の不一致と非効率性

　本書ではこれまで、総生産＝生産性 $A \times F$（資本 K、労働 L）という形の生産関数を考えてきましたが、仮に経済が非効率的であった場合、資本 K、労働 L の総量が変わらなかったとしても生産量が下がります。このような経済の生産性 A は低いということができます。生産性はアイデアの総量だけでなく、生産要素の配置（配分）にも影響されることがわかります。

8-5-2　効率性と価格

　経済理論上、企業は利潤ができるだけ大きくなるように生産要素の使用量を決めます。ここで生産物の価格を1とすると、利潤が最大になっている場合、ある生産要素に関する限界生産物は、その生産要素の価格に等しくなります。以下ではこのことについて説明します。

　ここで生産要素として労働のみを使用する企業を考えます。そして、この企業の生産関数が「生産＝$\sqrt{労働}$」であると仮定します。また、生

産物の価格を 1 と固定します。さらに労働者を雇うのに支払う必要のある賃金量を、労働 1 単位当たり w とします。今、労働の限界生産物が賃金を上回った状況で企業が生産物を生産しているとし、この時の労働量を L とします。この場合、仮定より以下の不等式が成立します。

$$\sqrt{労働 L+1} - \sqrt{労働 L} > 賃金 w$$

　この状況では、労働量を 1 単位増やすことによる生産＝売上の増加（不等式の左辺）が、労働量の増加により余計にかかる費用、つまり賃金 w（右辺）を上回っています。このような状況においては雇う労働の量を 1 単位増やすことにより利潤が増えることになります。確かに、労働者を L 人雇った状況での利潤は $\sqrt{L} - w \times L$ であり、一方 $L+1$ 人雇った状況での利潤は $\sqrt{L+1} - w \times (L+1)$ ですので、1 人多く雇うことによる利潤の変化は $\sqrt{L+1} - \sqrt{L} - w$ となります。上の不等式が成立しているとき、確かにこの値はプラスになります。

　反対に、労働の限界生産物が賃金を下回った状況で企業が生産物を生産しているなら、この場合は使用する労働の量を 1 単位減らすことで、売上減少を上回る人件費の節約がなされ、結果としてこの場合も利潤を増やすことができます。よって利潤をできるだけ大きくしたい企業は労働を減らします。

　一般に、利潤の最大化を図る企業は、生産要素の限界生産物が生産要素の価格に等しくなる水準まで生産要素を用います。なお、生産物の価格を考える場合、その価格と限界生産物の積、つまり限界生産物の価値が生産要素の価格になります。

　前節にて、限界生産物が企業間で一致するような状況が効率的だと説明しましたが、生産要素が企業間を自由に移動できる場合、つまり転職が自由の場合、生産要素の価格の存在がこの効率性の実現に貢献します。例として労働を生産要素として用いる 2 つの企業 A と B を考えます。企業 A と B は、利潤最大化の結果、労働の限界生産物と賃金が一

致させるように生産を決めます。ここで企業 A の限界生産物が企業 B の限界生産物より高かったとすると、この状況では企業 A の方が企業 B より賃金水準が高くなります。つまりこの場合、企業 B の労働者には企業 A に転職するインセンティブがあります。実際、ある労働者が企業 B から企業 A に転職した場合、限界生産物の逓減の性質より、（労働者の増えた）企業 A の限界生産物と（労働者の減った）企業 B の限界生産物との差が縮まります。最終的には両者の限界生産物の差はゼロに収束します。このように、生産要素の価格は理論上、限界生産物の均等化、つまり効率化に大きく寄与します。

　ただ実際、生産要素の移動、例えば労働者の転職は生産物の移動ほど簡単ではなく、限界生産物の不一致の結果として生じる非効率性は長期的に存在し続けます。近年、企業レベルのデータを用いた研究により、生産要素の配分の誤りにより国全体でみた生産性の低下の相当の部分が説明できることが、Hsieh and Klenow（2009）や Hosono and Takizawa（2022）などによりわかってきました。日本における労働移動に関する非効率性については第 11 章にて再度触れます。

8-6　グローバル化と生産性

　近年グローバル化が進展するにつれ世界経済とのつながりが深まり、輸出・輸入をはじめとする外国との商取引が経済活動に占める割合は年々増加しています。Jones and Romer（2010）も、Kaldor（1961）に続くマクロ経済の新たな定型的事実の一つとして、グローバル化に伴い市場が拡大し、貿易の重要性が増している点を指摘しています。

　図 8-7 は、主要 5 か国の貿易依存度（輸出と輸入の総額が国内総生産に占める割合）の推移を見たものです。日本の貿易依存度は、約 30 年前までは約 20 ％だったのが、今は約 40 ％にまで上昇しています。ただ、その水準は諸外国に比べて決して高くありません。

　図 8-8 は、貿易依存度と 1 人当たり国内総生産（の対数値）との関係

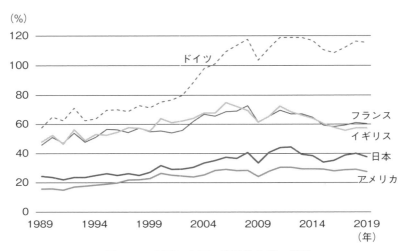

図 8-7　主要 5 か国の貿易依存度の推移

出典：Penn World Table 10.0 より作成

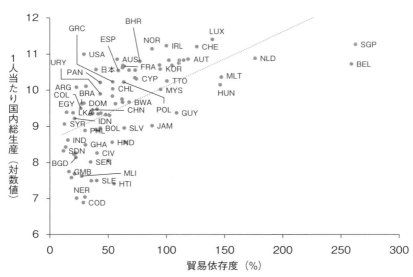

図 8-8　貿易依存度と国内総生産の関係（2010−2019）

出典：Penn World Table 10.0 より作成

参考：清田・神事（2017）

を示したものです（両変数とも 2010 年から 2019 年までの平均をとっています）。この散布図は因果関係を示すものではありませんが、おおむね貿易依存度の高い国の 1 人当たり国内総生産は高い傾向にあるといえます。清田・神事（2017）は、貿易依存度（対外開放度）と経済成長率との間に似たような正の相関を見出しています。

　貿易と生産性、経済成長との関係については昔から研究がなされてきました。古典的な議論は、各国が、他国に比べ生産性の面で相対的に優位（比較優位）に立つような産業分野に特化して生産し、その後、諸外国と貿易をしあうことで、効率性が増し、それによりすべての国の所得が増え、その結果経済が成長するというものです。

　近年、貿易が生産性向上をもたらす要因として、Melitz（2003）らが理論・実証双方で明らかにしたことは、貿易を行うことにより、生産性の高い企業が輸出を通して生産のシェアをより拡大するようになり、結果として低い生産性の企業が市場から退出するというメカニズムの存在です。Melitz（2003）の経済モデルにおいては、生産性の高い企業が貿易を通してシェアを高めることで国全体の生産性を上げることが示されました。

　Melitz（2003）の構築した経済モデルにおいて、国全体の生産性は上がるものの、各企業の生産性自体は輸出によって変化しません。一方、内閣府（2019b）は、経済産業省「企業活動基本調査」のデータを用いて、輸出産業とそうでない産業で生産性の変化に差があるか調べ、輸出産業は輸出開始後に有意に生産性を上げているが、輸出をしない産業ではそういったことは見られないことを示しました。内閣府（2019b）は、輸出行動が生産性を上げる理由として、輸出を通して分業体制が強化されることや、海外の人材と交流することで企業の持つ知識（アイデア）が蓄積されるといった要因を挙げています。De Loecker（2007）も、スロベニアの企業データを用いて、輸出を開始した企業の生産性が上昇し、その傾向は、高所得国に輸出する企業ほど高くなることを見出しています。いずれにせよ、グローバル化の進展は様々な形で国、ある

いは企業の生産性に正の影響を与え、経済成長に寄与していることがわかります。

8-7　産業別生産性の比較

　これまでは、国全体の生産性をまとめて一つの値として考えてきました。しかし生産性は産業ごとに大きく異なります。本節では産業別の生産性の動向について説明します。

　他の先進国同様、日本においても、第 1 次産業（農林水産業）、第 2 次産業（製造業・鉱業・建設業）で働く雇用者の割合は年々減少し、代わりに第 3 次産業（非製造業（サービス業）など）の雇用者の割合が増加しています。労働政策研究・研修機構が公表している統計「早わかりグラフでみる長期労働統計」（図 4 産業別就業者数）によれば、第 3 次産業に従事する雇用者の割合は、ここ 30 年間で約 20 ％増加し、現在は80 ％近くになっています。

　もしサービス業の生産性が他の産業よりも高ければ、製造業をはじめとする他の産業からサービス業への生産要素の移動は全体の生産性を押し上げる方向で寄与するでしょう。しかし実際はその逆で、サービス業の多くの産業は製造業より生産性の絶対的水準及びその伸び率が低いことが知られています。

　図 8-9 は、経済産業研究所・一橋大学 JIP 2021 データベースを用いて、2013 年から 2018 年までの産業別全要素生産性の平均上昇率の産業別比較を行ったものです。産業ごとにかなりのばらつきがあることや、平均的に見ると、製造業の生産性の伸び率がサービス業（非製造業）の伸び率よりも高いことがわかります。この JIP データベースを用いた生産性の推計方法については、深尾・宮川（2008）に詳しく説明がなされています。

　サービス業の生産性の伸びが低いことについて、ボーモル・ボーエン（1994）は、一例として芸術産業、特に音楽を取り上げ、ベートーベン

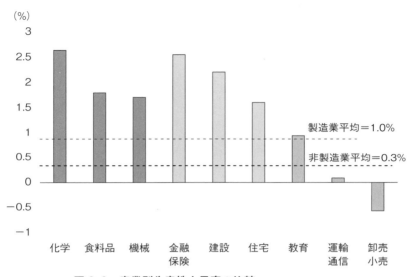

図 8-9　産業別生産性上昇率の比較
出典：経済産業研究所・一橋大学「JIP 2021 データベース」より作成

　の音楽を演奏するのに必要な演奏者の人数が昔と今とで変わりがなく、その意味で芸術産業の生産性は昔から変わっていないと指摘しました（参考：多田（2013））。一般的に、サービス業において生産性が向上しないことをボーモルのコスト病といいます。

　サービス業の生産性の水準や伸び率が製造業より低くなることについてはいくつか理由が考えられます。その一つとして、サービス業は製造業と違い、輸出入できないことが多く、海外との競争圧力にさらされにくいことがあげられます。一方、中小企業庁（2016）は、飲食業などにおいて、提供するサービスの生産と消費が同じ時間と同じ場所で行われなくてはならず、在庫を持てないため、需要の増減に生産が対応できず、その結果生産性が低くなることを指摘しています。

　なお、サービス業に属する企業すべての生産性が低いわけではもちろんありません。森川（2007）は、企業活動基本調査における企業別データを用いて、製造業やサービス業の（全要素）生産性を推計しました。

そして企業個別の生産性を比べるとサービス業は製造業にそれほど劣らないこと、大企業に限定するとサービス業の生産性が製造業より低いこと、さらに生産性のばらつきがサービス業の方が製造業より大きいことなどを示しました。森川（2007）は、集計データにおいて生産性を推計する場合、大企業のウェイトが高くなるため、推計の際、サービス業の生産性が製造業を下回ると結論付けました。

さらに、サービス業の生産性の測定手法に問題があると指摘する研究もあります。深尾（2016）は、サービス業の生産性を測る際、「質」の考慮が十分でないことを指摘しています。深尾（2016）は、例として通常午後8時に閉まるドイツのスーパーと24時間営業の日本のスーパーを比べ、便利さという面では日本の方が高いにもかかわらず、労働投入量の多い日本のスーパーの生産性が低く計測されてしまうと述べています。質を考慮する必要性については森川（2018）によっても指摘されています。いずれにせよ、産業により生産性の伸びに大きなばらつきがあることは間違いありません。

理論上、全要素生産性及びその伸び率にばらつきがあることが経済学的な非効率性、つまり限界生産物の産業間の不一致を必ず意味するわけではありません。ただ、生産性の水準、あるいはその伸びの高い産業に生産要素が移動することが望ましいのにも関わらず、規制など何らかの要因によりその移動が阻害されているのであれば、経済成長に悪影響が及ぶのは確かなことといえます。

第 8 章のポイント

- 生産性の上昇はそれ自体国内総生産の値を増やすが、その効果は資本のさらなる蓄積を通して増幅される。
- 生産性に影響を与える要因の 1 つがアイデアの量である。アイデアは非競合性を持つという点で他の生産要素とは性質を異にする。
- 生産性が持続的に増加する内生的経済成長モデルに基づけば、資本の増加率そして国内総生産の増加率は最終的に生産性上昇率に一致する。
- 各企業あるいは産業の限界生産物が一致しない場合、非効率性が発生し、国全体の生産性を下げる。

第 9 章

格差と成長

本章では、格差のとらえ方を説明することから始め、
その後経済成長と不平等との相互関係について考えていきます。

9-1　所得格差の数値化の方法

　これまで本書では、1人当たり国内総生産、つまり平均所得の増加に
着目してきました。しかし、経済成長によりある国の所得の平均値が増
えたとしても、その国全員の所得が同じように増えるわけでは当然なが
らありません。特に、経済成長が続く中、低所得者など、貧しい人たち
が取り残される場合、経済格差・不平等の進行は社会問題となります。
経済成長と不平等との関わりについては昔から研究がなされてきまし
た。Milanovic（2018）によれば、経済成長と格差の関係は経済学の中
で最も古くから議論されてきたテーマの一つです。

　経済面での格差には、男女の昇進面での格差や世代間の税負担の格差
など様々なものがありますが、本章においては、主に所得額の格差に着
目します。所得格差を分析する際によく議論になるのは、格差が年とと
もに増えたか減ったか、あるいは諸外国と比べて日本の格差は大きいの
か小さいのかについてです。こういった量的な議論を行うためには、格
差の程度を「数値」としてとらえる必要があります。この格差の数値化
についてはいろいろな方法がありますが、本章では主に3つの方法を説
明します。

9-1-1　格差の指標①　上位/下位○○％の所得シェア

　まず紹介するのが、ある国の国民の中で最も所得の高い（あるいは低い）グループの稼ぐ所得が、全体の所得の何パーセントを占めるかという割合により格差をとらえる方法です。今、国民（世帯）を所得の低い順から高い順に並べ、人口数（世帯数）に応じて10等分してグループを作り、所得の低いグループから順に第1階級、第2階級、…、第10階級と呼ぶことにします。総務省家計調査によれば、2018年現在、日本において第10階級に属する人々の平均年収は約1400万円であり、一方全世帯の平均年収は約600万円となっています。ここで、第10階級に属する人々、つまり所得の面で上位10％に入る人々が稼ぐ収入が、全収入の何％を占めているかという割合、つまり上位への集中の割合を見ることにより格差をとらえることができます。人々の所得が全員等しい場合、各階級に属する人々の稼ぐ収入が全体に占める割合は、すべて人口（世帯）の割合である10％になります。しかし人々の所得が異なる場合、上位10％の収入総額が全収入に占める割合は、人口比10％を超えます。OECD Income Distribution Database によれば、日本の所得上位10％のシェアは現在約24％となっています。上位1％に着目する場合もあります。

　所得上位10％のシェアは、富裕層に焦点を当てた格差の指標ですが、同様の指標を、所得下位層に着目しても求めることができます。このような指標としては、所得のランクが下位10％に位置する人々の稼ぐ総所得のシェアがあります。人々の所得が皆同じでない限り、所得の面で下位10％に入る人々の稼ぐ所得が全所得に占める割合は、人口比10％を下回ります。OECD Income Distribution Database によれば、日本の所得下位10％のシェアは現在約2％です。

9-1-2　格差の指標②　貧困率

　低所得者層の所得が平均所得に比べどの程度低いのかを測定する値としてよく用いられる指標に貧困率があります。貧困率には相対的貧困率

と絶対的貧困率がありますが、まず相対的貧困率について説明します。
今、国民を所得が低い人から高い人に順に並べ、ちょうど中央に位置す
る人が稼ぐ所得、つまり所得の中央値を M とします。このとき、相対
的貧困率は、所得が M の半分つまり数式の $0.5M$ 以下の人々が全体の
人数に占める割合として定義されます。図 9-1 は、厚生労働省発表の国
民生活基礎調査に基づき、相対的貧困率の推移を示したものです。長期
的に見るとやや増加傾向にあるといえます。

　日本において貧困率を議論する際は、通常相対的貧困率を用います。
しかし世界全体の貧困、あるいは途上国の貧困を考える場合など、1 日
当たり稼ぐ所得が一定額以下の人々の割合として貧困率を計算する場合
があります。こういった形で計算する貧困率を絶対的貧困率と呼びま
す。世界銀行は、貧困率を計算するうえでしきい値となる 1 日当たりの
所得を 1.9 ドルと設定しています。図 9-2 は、1987 年以降の世界全体の
絶対的貧困率の推移を示しています。この絶対的貧困率は世界全体でみ
ると低下傾向にあることがわかります。

　経済成長が貧困を解決できるかという点については悲観的意見も多く

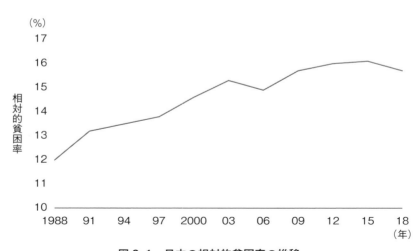

図 9-1　日本の相対的貧困率の推移
出典：厚生労働省「国民生活基礎調査」より作成

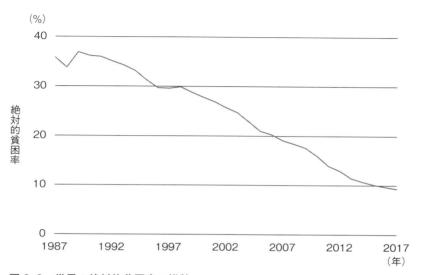

図 9-2　世界の絶対的貧困率の推移
出典：世界銀行データサイト（World Bank Open Data：poverty headcount ratio）より作成

聞かれますが、絶対的貧困率の低下に経済成長が貢献したのは間違いないといえるでしょう。開発経済学の世界的権威であり、ノーベル経済学賞受賞者のディートン氏は、著書『大脱出』（ディートン（2014））において、最近約 30 年間の経済成長が世界的貧困を減らしたことは確かなことだと述べています。ディートン氏は特に、インドと中国における貧困が経済発展により減少し、このことが絶対的貧困率低下に大きく貢献したと指摘しています。

9-1-3　格差の指標③　ジニ係数

　これまで見てきた指数は、上位層、あるいは下位層のみに着目して得られる数値でした。所得の分布を、上位層、下位層のみに着目するのではなく、全体を見て格差の数値化を行ったものにジニ係数があります。

　前の項（9-1-1）で説明したように、所得の面で下位 10 ％に入る人々の稼ぐ所得が全所得に占める割合は、人々の所得が同じでない限り人口

比 10 ％を下回ります。しかしこれは 10 ％という数字に限ったわけではありません。ここでは、所得が下位 $100x$［％］に入る人々の稼ぐ所得の合計が全所得に占める割合を、割合 x の関数として $f(x)$ と書くことにします。この関数は、$x = 0$ のとき 0 であり、$x = 1$ つまり割合が 100 ％のとき 1 となります（下位 100 ％に入る人々はすなわち全人口を指し、全人口が稼ぐ所得が全所得に占める割合は当然ながら 1 となります）。しかし、$x = 0$ あるいは $x = 1$ でない限り、$f(x)$ の値は人口の割合 x を下回ります。関数 $f(x)$ が x から離れれば離れるほど、この国の所得分布は不平等が大きくなっているといえます。ジニ係数とは、関数 $f(x)$ が x から乖離した程度を数値化したものです。ジニ係数は 0 から 1 までの値をとり、不平等度が高くなればなるほどその値は高くなります。

　ジニ係数は、税による再分配が行われる前の所得分布と、再分配後の所得分布のそれぞれにおいて計算でき、厚生労働省は「所得再分配調査」の中でそれらの値を公表しています。図 9-3 は、再分配前と再分配後に関するジニ係数の推移（1987 年〜2017 年）を示しています。ここ 30 年間で、分配前のジニ係数は上昇傾向にありますが、再分配後の係数はほぼ一定の値を示しています。このことは、累進課税といった税財

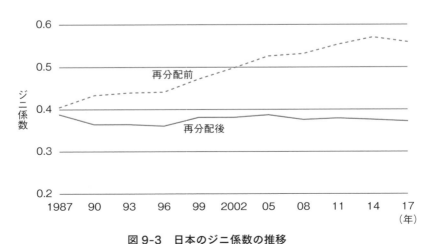

図 9-3　日本のジニ係数の推移
出典：厚生労働省「所得再分配調査」より作成

表 9-1　各種格差指標の国際比較（2019 年あるいは最新年）

国名	カナダ	フランス	ドイツ	イタリア	日本	イギリス	アメリカ	OECD平均
上位10 %シェア	22.9	24.0	23.2	24.5	24.3	29.0	29.3	24.7
下位10 %シェア	2.9	3.3	3.4	2.1	2.2	2.4	1.7	2.9
貧困率	11.8	8.5	10.4	13.9	16.0	11.7	18.1	11.2
ジニ係数	0.3	0.29	0.29	0.33	0.33	0.37	0.39	0.31

出典：OECD Income Distribution Database より作成

政の仕組みがある程度機能していることを示唆しています。

　以上、不平等度の把握をする 3 つの数値について説明してきましたが、上の表 9-1 は、これらの値を主要 7 か国で比較したものです。日本に関しては、高所得者層への所得の集中の度合いを示す上位 10 ％シェアは平均的といえますが、貧困率については他国に比べやや高めといえます。

9-2　経済成長と格差に関するクズネッツの仮説

　先に述べたように、経済成長が格差に与える影響については、古くからさまざまな仮説がたてられ、そして分析が行われてきました。その中で最も有名な仮説の一つに、経済学者のサイモン・クズネッツによるもの（Kuznets（1955））があります。以下では、内閣府（2007, 第 4 節「経済成長と格差の関係」）に基づき、このクズネッツの仮説について説明します。

　クズネッツによれば、経済成長が始まる前の段階において、多くの人々は、生産性がほぼ同程度の農業部門に従事しており、そのため所得格差はあまりありません。しかしその後、産業革命などをきっかけに経済成長が始まるにつれ、工業部門が発展を遂げ、農業部門から、生産性

が高い工業部門へ産業、そして雇用がシフトします。そしてそのシフトに伴い、様々な形で格差が生まれます。まず、生産性の違いから、工業労働者と農業労働者の所得に差が発生します。また、工業部門の中においては、労働の種類が、機械に代替される可能性のある単純労働と、労働者自身の能力が必要な技能労働とに分かれるため、工業労働者の中でも所得に格差が生まれます。つまり、経済成長の初期の段階では、経済成長と格差拡大が同時に発生します。

　しかし、クズネッツは、経済成長が進行していくにつれ、格差が解消の方向に向かうと予想しました。その理由としては、社会が成熟するにつれ、低所得者層が政治力を持つようになり、格差を是正するような政策、例えば累進課税などの再分配政策が実行されるようになるといったことが考えられます。クズネッツの考え方に基づき、経済成長率（横軸）と格差（縦軸）との関係をグラフに表すとその形状は山型（逆 U 字型）となります。

　クズネッツ仮説の妥当性については様々な研究が行われています。日本については、19 世紀末以降のジニ係数の推移についてミラノビッチ（2017）が分析しています。それによれば、第 2 次世界大戦までは 1 人当たり国内総生産、そしてジニ係数はともに上昇傾向にありましたが、戦後直後に急落し、その後 1 人当たり国内総生産が上昇しつつもジニ係数はあまり変わらない状況になっています。つまり、日本ではクズネッツ仮説と整合的な動きが示されたといえます。

　ミラノビッチの分析のデータのもととなっている南・牧野（2017）及び牧野（2017）は、戦前の日本の所得分布について、農村部（長野県埴科郡五加村）、そして都市部（大阪府岸和田市）における個別の所得データを用いて詳細な分析をしています。それによれば、全国のジニ係数は 1905 年に 0.47 だったのが、1923 年には 0.53 に、そして 1930 年には 0.57 に達しました。牧野（2017）は、当時の日本の不平等度が今の途上国並みに高かった理由として、特に好況期において土地所得（地代）が上昇したことなどがあげられると述べています。

9-3　格差が経済成長に与える影響

　格差は理論上、経済成長にプラスの影響を及ぼす場合もあれば、反対にマイナスの影響をもたらす場合もあります。本節ではこのことについて説明をします。

9-3-1　プラスの影響

　ヘルプマン（2009）及び Cingano（2014）は、格差拡大が経済成長を押し上げる要因としてまず貯蓄率を通した影響をあげています。このことについて簡単な経済成長モデルを用いて考えてみましょう。

　一般に、低所得者層と高所得者層を比べた際、高所得者層の貯蓄率のほうが高い傾向があります。図 9-4 は 2019 年の総務省家計調査に基づき、所得に占める消費の割合である平均消費性向を所得階級別に示したものです。この図からは所得が増えるほど、消費性向が減っていくことがわかります。これにはいくつかの理由が考えられますが、消費の中に、水道・電気の基本料金など、所得の状況によらず一定額の支出をし

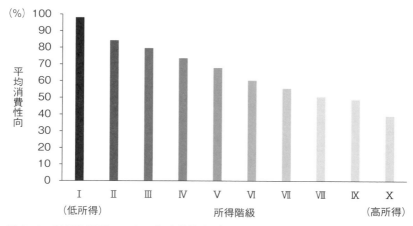

図 9-4　所得階級別にみた平均消費性向（2019 年）

出典：総務省統計局「家計調査」（第 2−5 表　年間収入十分位階級別 1 世帯当たり 1 か月間の収入と支出）より作成

なくてはならない部分が存在することがその一つといえます。このことは、所得が増えるにつれ所得のうち消費にまわらない割合である貯蓄率が上がるということを意味しています。

　ここで、所得を一定額、低所得者から高所得者に移転することを考えます。この場合、所得格差は増大しますが、高所得者の方が低所得者よりも貯蓄率が高いわけですから、所得の移転により同時に国全体の貯蓄率が増えます。このとき、貯蓄率の高い方が投資も多くなるため、経済成長モデルにしたがえば、所得移転により 1 人当たり国内総生産の値が高くなります。つまり貯蓄率の面からいうと、所得格差の拡大は経済成長を促進することになります。

　なお、所得の移転に伴う貯蓄の増加の有無は、より正確には平均消費性向ではなく、1 円の所得増が何円の消費増を生むかという「限界」消費性向に着目して議論する必要があります。内閣府（2010b）では家計調査の情報をもとに、所得階層ごとの限界消費性向を推計しており、その推計によれば、平均消費性向と同様、限界消費性向も所得とともに減少することが明らかになっています。

　Cingano（2014）は、貯蓄率のほかに、競争を通じた格差の成長へのプラスの効果をあげています。ここでは失業保険を例にあげ説明します。失業者の生活を守るため、日本をはじめとする多くの国において失業保険の仕組みが導入されており、失業者は少なくとも一定期間、給付金として所得補助を受け取ることができます。

　ここで、この失業保険の給付金の額を減らし、財源の浮いた分だけ所得税を減税することを考えます。この場合、失業者と労働者との間の格差の度合いは確実に悪化しますが、失業給付金が減るため、その分仕事を得て働く必要性が増すことになり、求職活動もより活発になる可能性があります。一方、所得税が減税となれば労働者にとっては労働を供給するインセンティブが増えます。したがって、全体でみると労働供給が増え、経済成長が進む可能性があります。日本国憲法においても健康で文化的な最低限度の生活を送る権利が誰にも保障されており、失業者へ

の所得の給付は社会において必要不可欠なものです。しかし、給付の額が多くなると、総生産を最大化するという意味での効率性が阻害される可能性があります。

9-3-2　マイナスの影響

　格差が経済成長に与える悪影響として、まずあげられるのが人的資本蓄積を通したものです。以下ではマクロ経済における不平等を理論的に分析した先駆的論文である Galor and Zeira（1993）に基づき、不平等が人的資本形成を通してどう経済に悪影響を及ぼすのかを説明します。

　物的資本同様、人的資本の蓄積には投資、具体的には教育サービス等への支出が必要です。しかし子どもの教育を例にとると、教育を受ける対象となる子どもにいくら意欲があっても、その子どもの親が貧しければ教育への支出は不十分になります。格差が拡大すると、親の資金面の制約により、人的資本の蓄積が不十分な子どもと、富裕層に育ったため人的資本を十分に持つ子どもとに分かれてしまう可能性があります。教育ローンなどで借り入れができれば状況は改善するはずですが、実際低所得者層が資金を調達するのは容易ではありません。宇南山・原（2015）や内閣府（2019c）の分析によれば、日本においては借り入れ制約下にある世帯が13〜15％程度を占めています（なお、これらの分析において、借り入れ制約のある家計は、受け取った所得を、次に所得を受け取るまでにすべて消費に回してしまう家計として定義されています）。

　ここで、限界生産物は逓減しますので、人的資本蓄積が不十分な貧困層の子どもの（人的資本の）限界生産物、つまり教育への投資を1単位行うことによる能力・技能の増加は、富裕層の子どもの人的資本の限界生産物より高いということになります。すでに説明したように、限界生産物が異なるような状況は、生産の最大化という観点において非効率です。このような場合、富裕層から貧困層に資金を分配することにより、これまで富裕層の子どもにのみ提供されていた教育サービスの一部が貧困層にも提供されるようになると、人的資本の経済における総量が増

し、生産量も増加することになります。

　最近では、金銭面での格差だけでなく、教育を受ける機会、あるいは所得の高い仕事につく機会が、国民皆に平等に与えられているかという、機会の平等が経済成長に与える影響も分析されています。一般に、機会の不平等がある場合、本人の勉強や様々な努力の有無にかかわらず進学や就職に成功するかが決まってしまうため、社会全体でみて勉強などの努力をするインセンティブが弱まります。そして結果として生産性、そして経済成長率を低下させる恐れが増します。

　世界銀行のエコノミストである Aiyar, and Ebeke（2020）は、世代間所得移動性（Intergenerational income mobility）に着目して分析を行いました。そして、親の所得の大小が子どもの教育機会に強い影響を与えるという意味において機会の不平等の程度の高い国では、所得の格差と経済成長との間に負の関係があることを見出しました。この結果は、機会の不平等の程度の高い国において所得格差が拡大すると、貧しい子どもが教育をますます受けられなくなる一方、富裕層の子どもは努力をしなくても自動的に所得の高い仕事につけるようになり、結果として社会全体の人的資本の水準が下がるため、経済成長に悪影響が及ぶと解釈することができます。

9-4　資産の格差と経済成長

　これまでは、所得の格差を主に取り上げてきました。しかし、預金や株式、住宅といった資産の不平等の方が所得の格差より深刻であり、そして資産の格差も経済成長率と深いかかわりがあるとの主張が近年、フランスの経済学者トマ・ピケティ氏（ピケティ（2014））らによりなされています。本節では、資産の格差と経済成長とのかかわりについてのピケティ氏の主張、そして他の経済学者の反論について説明します。

9-4-1　*r>g* の議論 ─────────────────────

　ピケティ氏らは、世界各国の税務当局のデータなどを用いて、資産額の格差が年とともにどのように変化していくかを丹念に追い、推計しました。そして、アメリカやフランスといった国については、1980 年代から資産格差は拡大傾向にあるということ、そして資産格差の程度は所得格差の程度をはるかに超えるものであるということを発見しました。ピケティ（2014）や、Piketty and Saez（2014）によれば、ヨーロッパにおいて上位 10 ％の所得シェアは 35 ％程度ですが、資産の面での上位 10 ％のシェアは 65 ％程度と、値が跳ね上がります。

　ピケティ氏によれば、資産の格差が拡大していく条件は、金利 r が経済成長率 g より大きくなること（いわゆる $r>g$）であると主張しました。そして、昨今経済成長率が低下していく中で、金利と経済成長率との差（$r-g$）が広がり、資産の格差、特にスタートの段階で人々の間についた資産の格差が拡大していくと主張しました。ここで、金利というのは資産が増加していく割合を表しています。一方、経済成長率というのは、人々、とくに労働者の所得の増加率に非常に似た動きをします。金利が経済成長率よりも大きいということは、人々の間で最初の段階においてついた資産の格差を、労働所得の増加ではカバーできないということになります。

　なお、この主張には反論もあります。Krusell and Smith（2015）や Jones（2015）は、理論上、金利と経済成長率は独立ではなく、経済成長率が下がればそれとともに金利も下がるため、仮に金利と経済成長率の大小関係によって格差が決まるとしても、経済成長率が低下したからといって格差が拡大するとは限らないと述べています（経済学においては、合理的に消費や貯蓄の意思決定を行う経済主体の存在を仮定することが多く、この場合、金利と経済成長率の差は経済主体の割引率、つまり今の消費に比べ将来の消費にどの程度の価値をおくかという割合に一致し、成長率からは独立になります）。この論争は今も続いています。

9-4-2　資本主義の基本法則

　資産格差の拡大をデータにより用いて示したピケティ（2014）は、経済成長率の低下に伴い、資産、すなわち資本の影響力が今後増大すると予測しました。ここでは、成長率と資本の関係について、前述の内生的経済成長モデルに基づき説明します。以下では、資本の生産における影響力を資本係数（K/Y）ではかります。

　ここでは単純化のため資本減耗率 d を 0 とおきます。この場合、資本の増加と国内総生産の関係を示す成長方程式は $\Delta K = sY$ と書くことができます。この成長方程式の両辺を資本 K で割ると、

$$\text{資本の増加率}\ \frac{\Delta K}{K} = \text{投資率}\ s \times \frac{\text{国内総生産}\ Y}{\text{資本}\ K}$$

となります。右辺の第 2 項 Y/K は、資本係数 K/Y の逆数です。ここで、第 8 章で学んだ内生的経済成長モデルを考えます。このモデルの定常状態において、資本、国内総生産はすべて同じ率で増加します。すなわち資本の増加率は経済成長率に一致します。この値を g とおくと、資本係数は、以下の式を満たします。

$$\text{資本係数}\ \frac{K}{Y} = \frac{\text{投資率}\ s}{\text{経済成長率}\ g} \tag{9-1}$$

　この（9-1）式によれば、投資率が一定なら、経済成長率が下がるほど資本係数は上がることになります。先に経済成長率が低下傾向にあることを示しましたが、今後も経済成長率が長期的に下落し続ける場合、資本係数は上昇することになります。今後の世界経済における資本の増殖を予見したピケティ（2014）はこの式を「資本主義の第二基本法則」と呼びました。図 8-4 に示したように、日本では資本係数は安定的に推移しています。日本においては諸外国以上に経済成長率が下落していま

すが、同時に投資率が減少しているのが資本係数の安定の背景にあるのかもしれません。ただ、貯蓄率の減少以上に経済成長率が下落し始めるならば、日本においても資本係数が上昇する可能性があります。

　ところで、資本所得が国内の総所得つまり国内総生産に占める割合である資本分配率は、この資本係数を用いて表現しなおすことができます。定義により、資本分配率 a は、資本収益率（＝金利）r と資本 K の積を国内総生産 Y で割ったものです。ここで、資本と国内総生産の比が資本係数なので、両者の間には以下の関係式が恒等的に成立します。

$$資本分配率 \left(\frac{rK}{Y} \right) = 資本収益率\ r × 資本係数\ \frac{K}{Y}$$

　ピケティ（2014）はこの式を「資本主義の第一基本法則」と呼びました。この法則によれば、資本収益率 r が一定の状況を仮定すると、もし、経済成長率の低下に伴い資本係数が増すならば、資本分配率は増加し、そして労働分配率が下落することになります。

第 9 章のポイント

- 国における所得格差を測る指標としては、ジニ係数や貧困率、あるいは上位（下位）10％が全体の所得に占める割合などがある。

- 所得格差の拡大が経済成長に与えるプラスの効果としては、貯蓄の高い高所得者が増えることによる投資の増加などがあげられる。

- 所得格差の拡大が経済成長に与えるマイナスの効果としては、低所得者が教育に費やす投資額の減少に伴う人的資本蓄積の低下などが挙げられる。

日本経済の
成長のために

第3部では、これまでの議論を踏まえ、
日本経済が持続的に成長していくために
解決すべきいくつかの課題について
解説します。

入門・日本の経済成長

Introduction To
Economic Growth In Japan

第10章

戦後日本経済の成長

ここでは、戦後日本経済の成長とその減速について、
当時の経済白書などをもとに簡単に説明します。

10-1　高度経済成長

　図 10-1 は、Penn World Table のデータに基づき、日本における 1
人当たり国内総生産の過去約 70 年近くに及ぶ推移を示しています。こ
の図によれば、日本は安定的に国内総生産を増やしてきたように見えま
す。特に近年は日本経済を語るうえで「停滞」という言葉がよく使われ
ますが、1 人当たりで見た国内総生産については、一部の時期を除き着

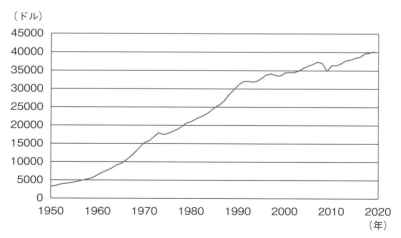

図 10-1　戦後日本の 1 人当たり国内総生産の推移（1950-2019）
出典：Penn World Table 10.0 より作成

実に増加をしています。

　ただこの図をよく見ると、国内総生産の「増え方」は徐々に下がって
いることがわかります。日本においては 1966 年に初めて 1 人当たり国
内総生産が 1 万ドルを超えます。そしてその 13 年後の 1979 年に 1 人当
たり国内総生産は 2 万ドルに達し、さらにその 11 年後の 1990 年に 3 万
ドルを超えます。ここまでは順調に見えますが、図が示すようにそこか
らさらに 1 万ドル上積みし、4 万ドルに達するのに約 30 年かかってい
ます。ここ数十年の間で急速に経済は「減速」したことがわかります。

　日本の経済成長を説明するうえで、第 2 次世界大戦後の 1960 年ごろ
から 70 年ごろにかけて高い成長を遂げた時代を欠かすことはできませ
ん。この時期を高度経済成長期といい、今では考えられないほどの高率
で国内総生産が増えていきました。

　経済成長は、1960 年代に突然始まったわけではありません。第 2 次
世界大戦敗戦からの復興、そして朝鮮戦争に伴う軍事物資の生産増によ
り、1950 年代から日本は高い経済成長率を記録するようになりました。
ここで、1956 年の年次経済報告（経済白書）における「結語」を紹介
します（出典：経済企画庁（1956））。

　「戦後日本経済の回復の速やかさには誠に万人の意表外にでるものが
あった。それは日本国民の勤勉な努力によって培われ、世界情勢の好都
合な発展によって育まれた。しかし敗戦によって落ち込んだ谷が深かっ
たという事実そのものが、その谷からはい上がるスピードを速やからし
めたという事情も忘れることはできない。経済の浮揚力には事欠かな
かった。経済政策としては、ただ浮き揚がる過程で国際収支の悪化やイ
ンフレの壁に突き当たるのを避けることに努めれば良かった。消費者は
常にもっと多く物を買おうと心掛け、企業者は常にもっと多くを投資し
ようと待ち構えていた。いまや経済の回復による浮揚力はほぼ使い尽く
された。（中略）もはや「戦後」ではない。我々はいまや異なった事態
に当面しようとしている。回復を通じての成長は終わった。今後の成長

は近代化によって支えられる。そして近代化の進歩も速やかにしてかつ
安定的な経済の成長によって初めて可能となるのである。（以下省略）」

　特に「もはや戦後ではない」という言葉は今でも有名です。この経済
白書の記述によれば、1950 年代後半当時の日本政府は、戦後からの復
興がほぼ完了した日本経済の将来を悲観的にとらえていたことがわかり
ます。経済成長を持続させるため、1960 年、池田勇人内閣において「国
民所得倍増計画」が策定されました。この計画は、10 年間で国民総生
産（GNP）を実質値で 2 倍にするというもので、貿易振興、道路・鉄
道・港湾など社会資本の増強、科学生産性の発展といった目標が掲げら
れました（出典：国立公文書館ウェブサイト「公文書にみる日本のあゆ
み：国民所得倍増計画について」）。例えば、小田（2014）によれば、重
化学コンビナートを各地の工業地帯（京浜・阪神など）に展開させるた
め、政府は工業地帯の周辺地域において道路や工業団地の整備など大規
模な社会資本投資を行いました。ここでコンビナートとは生産の効率化
などを目的として、特定の工業地帯において結合された企業集団を意味
するロシア語です（出典：新明解国語辞典（第七版、三省堂））。例え
ば、横浜税関（2008）によれば、神奈川県川崎市浮島にある巨大な石油
コンビナートが稼働を開始したのもこのころです。

　第 1 章で説明した 70 の法則に従えば、国民所得倍増計画に基づき、
10 年間で GNP を 2 倍にするには年率でおおよそ 70÷10＝7 ％の成長が
必要となります。今では不可能といえる数値ですが、実際の日本はそれ
に近い成長を実現しました。1960 年から 1970 年にかけて、日本の 1 人
当たり国内総生産は約 2.4 倍になりました。年率にするとこの間の成長
率は約 9 ％となります。その間人口は約 10 ％増えているため、国内総
生産自体は 2.6 倍近くに増えたことになります。所得が増えるにつれ、
洗濯機、冷蔵庫、掃除機あるいはテレビ、エアコン、自動車といった耐
久消費財（三種の神器・新三種の神器）の普及率も高まり、人々の生活
水準も飛躍的に向上しました。高度成長期の日本における社会・経済の

大きな変化については、吉川（2012）において詳しく述べられています。

　加藤・近藤・鷲見・榎本・長田（2012）は、成長会計を用いて日本の高度成長が実現した要因を分析していますが、それによれば、生産性、資本、労働のどれか一つの要因のみが高度成長をけん引したのではなく、3者それぞれが互いにかかわりあいながら複合的に生産の水準を上昇させ、成長に貢献しました。加藤・近藤・鷲見・榎本・長田（2012）は、高度経済成長期に生産性が上昇した要因として、海外からの技術移転が起きたことなどを挙げています。

　一方石井（2021）が述べているように、日立製作所などの企業は、1950年代以降、海外企業に対してお金（ロイヤルティー）を支払うことにより技術援助契約を結びました。そしてその契約日本企業はより海外企業の持つ様々な技術を開示（図面の供与など）してもらうことを通して自社の技術を高めようとしました。これらの企業が技術習得に成功し、質の高い製品を生産できたことも高度成長に貢献したといえます。

　高度成長の要因としては他にも様々なものが挙げられています。例えば、前日本銀行総裁の白川氏は、2011年の総裁講演（白川（2011））の中で、高度成長の要因として①労働力人口の増加、②企業間競争の激化、③国際貿易の拡大を挙げています。一方、小峰（2003）、原田・吉岡（2004）及び縄田（2008）は、単なる人口増加だけでなく、労働移動が活発であったことを成長の要因に挙げています。小峰（2003）は、労働者が農村部から都市部に移動し、労働の供給先が農業から生産性のより高い工業へと移ることにより、経済全体の生産水準が増したと述べています。第8章5節の議論を借りれば、高度成長期に日本経済は技術水準だけでなく効率性も増したといえます。

10-2　安定成長

　高度経済成長自体は1970年代初頭に終了し、成長率は低下を始めま

す。そして 1973 年には（第 1 次）オイルショックを経験します。藤波
（2014）によれば、中東戦争を契機に原油価格は高騰し、1973 年からの
1 年間で 3.9 倍になりました。それにより、電力料金など様々な財・
サービスの価格が上がり、日本は狂乱物価と呼ばれるインフレに苦しむ
ようになりました。日本は 1974 年に戦後初めてマイナス成長（1 人当
たり経済成長率 − 2.5 ％）を記録しました。

　ただ、藤波（2014）が指摘するように、例えば鉄鋼業では連続鋳造技
術の導入など企業が省エネ化に取り組んだこともあり、結果として不況
を迎えることはありませんでした。日本は 1978 年にも原油価格高騰を
経験（第 2 次オイルショック）しましたが、それでも 3 ％程度の高い経
済成長率を実現できました。このころの時期を安定成長期と呼びます。

　高度成長終了後、日本経済は資本の過剰という問題を抱えるようにな
りますが、それでも日本経済が成長を続けた理由について加藤・近藤・
鷲見・榎本・長田（2012）は、海外からの技術の導入を経て、国産の技
術革新が起こるようになり、資本蓄積の減少を生産性の上昇がカバーで
きたことが一因と分析しています。扇谷（2016）によれば、安定成長期
における主な技術革新（発明）として、レーザープリンターやインバー
タエアコン、あるいはフラッシュメモリなどがあります。これらの技術
革新は、今の社会にも大きな影響を与えており、公益社団法人発明協会
により戦後日本のイノベーション 100 選に選ばれています。

10-3　バブル経済

　1980 年代に入っても日本経済は安定した成長をとげていましたが、
そのような中、株価や地価などの資産価格が 80 年代後半に急上昇する
ようになりました。バブル経済及びその崩壊を分析した経済企画庁
（1993）は、当時の株価・地価の急上昇の原因として好調な企業収益、
都心部のオフィス需要の増加、金利の低下の 3 点をあげています。経済
企画庁（1993）によれば、その頃のオフィス需要が増加したのは、当時

金融の規制が緩和されたことなどを背景に、外国の金融機関による東京進出の傾向があったためです。

　一方、経済企画庁（1993）は、金利の低下の理由として日本銀行の低金利政策をあげています。当時、日本やドイツの貿易黒字やそれに伴うアメリカの慢性的な貿易赤字が問題視されていました。1985 年、主要 5 か国（日本、アメリカ、イギリス、西ドイツ、フランス）の中央銀行・財務大臣会議において、国際収支の不均衡を為替レートの調整により是正することなどを含む合意（プラザ合意）がなされました（参考：デジタル大辞泉（小学館））。プラザ合意を経て、為替レートが急速な円高を経験することとなり、輸出産業が経営に苦しむようになりました。経済を下支えすべく、また過度な円高を是正すべく、日本銀行は政策金利である公定歩合の利下げを実行しました。一般的に、金利が低下すると、銀行預金よりも株式投資の方が資産運用として相対的に魅力的となり、株の購入が進み、結果株価は上がる傾向があります。

　株価の上昇は、「今後も株価が上昇し続けるであろう」という、根拠のない予想を生みました。そしてその予想により、株を安く買い、そして将来それを買値より高く売って儲けたいと考える多くの投資家が実際株を買うことになり、さらなる株高を招きました。地価についても同様のことがおきました。このように、株価や地価が急上昇し、それに伴い消費や投資が増え、日本経済は空前の好景気を迎えました。この経済状態をバブル経済と呼ぶことがあります。

　経済学において、バブルとは、金融資産の価格が本来あるべき値よりかけ離れて上昇している状態を指します。そして、経済学は金融資産の本来の価格が、その資産を保有することにより将来にわたって受け取れる利益、具体的には配当金など、そして金利によって決まると考えます。バブル経済とはつまり、根拠のない株価・地価上昇によってもたらされた好景気のことです。ただこういった景気は通常長続きしません。

10-4　失われた 20 年

　バブル景気の過熱を懸念した日本銀行は、1990 年代以降利上げを複数回行い、結果として、株価や地価が今度は急落することとなりました。これがバブル崩壊です。このバブル崩壊をきっかけとして、その後長い間日本経済は不況を経験します。この低迷の時期を失われた 20 年と呼びます。

　経済企画庁（1999）が指摘しているように、バブル経済崩壊後、企業は「3 つの過剰」を抱えることとなりました。ここでいう過剰とは、設備の過剰、雇用の過剰、そして債務の過剰のことです。企業は新規の設備投資を行うことよりも、既存の設備や人員を整理し、財務状況を改善することを優先するようになりました。このころの日本は、1 ドル 90円近くの円高も経験し、輸出産業を中心に打撃を受けました。不景気であるはずの日本の通貨が当時増価した理由としては様々なものがあげられます。内閣府（2010a）によれば、日本銀行が物価下落を止めるためゼロ金利政策を導入し、金利がゼロ近くでとどまり始める中、当時経済状況のあまりよくなかったアメリカにおいて金融緩和が進み日米金利差が縮小したことがその理由の一つといわれています。

　2000 年代初頭より、先述の「3 つの過剰」の減少に企業が取り組む中、景気は回復軌道をたどりました。2002 年から 2008 年までの 6 年間に及ぶ景気拡大期のことをいざなみ景気とも言います。内閣府（2006）によれば、2000 年代後半になりようやく 3 つの過剰は解消されるに至りました。

　しかしながら、バブル崩壊から回復しつつあった日本経済を今度は世界金融危機が襲います。2008 年、アメリカの金融機関のリーマンブラザーズが破綻したことをきっかけに、世界経済が不況に陥りました。その中で特に日本の経済の落ち込みはひどく、2009 年度に経済成長率が−5.7 ％となるなど深刻でした。日本の場合、アメリカと違い、大手金融機関の倒産はありませんでしたが、世界各国が同時に不況に陥ったた

め、輸出が減ったのが景気の落ちこみの要因の一つといわれています。日本経済は再び不況に突入しました。

10-5　アベノミクス

　日本経済が世界金融危機後も不況に苦しむ中、2012 年 12 月に政権の座についた安倍晋三首相は、経済低迷から脱却し、持続的な経済成長をもたらすため、アベノミクスと呼ばれる経済政策を実行しました。この政策は、①金融緩和政策、②機動的財政政策、③成長戦略から構成されています。これらの政策は「3 本の矢」とも呼ばれています。

　本書の内容である経済成長と最もかかわりが深いのが第 3 の成長戦略ですが、以下ではその内容を、内閣官房（2015）や首相官邸ウェブサイト（成長戦略の基本的考え方）に従い説明します。アベノミクスの成長戦略は、①投資の促進、②人材の確保、③市場の創出、④世界経済との統合の 4 つを柱にしていました。まず 1 番目の柱である投資の促進についてですが、柿沼・中西（2013）が指摘するように、日本の生産設備は、諸外国に比べて老朽化が進行しているなどの課題を抱えていました。そのため投資を増やし、資本の構造を新しくすべく、安倍政権は法人税等の減税を行いました。2 番目の柱の人材確保については、少子高齢化が進む中で、女性の雇用を促進したり、外国人労働者の受け入れを増やしたりするための政策を立案しました。そして 3 番目の柱の市場創出については、インターネットでも医薬品が買えるようになるなどの制度改正が行われました。

　最後に、4 番目の柱の世界経済との統合については、日本企業の海外進出を促し、輸出拡大をすべく、日本政府はアジア太平洋諸国と TPP を締結したり、ヨーロッパと EPA を結んだりしました。また、ビザ要件を緩和するなどして、外国人観光客をより多く受け入れることによる観光産業の振興も図りました。こういった政策にも後押しされ、日本の 1 人当たり国内総生産は再び増加を始めました。

　しかし、2020 年 1 月に日本国内で初の感染者が出て以降、新型コロ
ナウイルス感染症が猛威を振るい、各種経済活動は停止を余儀なくされ
るようになりました。外国人の渡航も制限されることとなり、安倍政権
の成長戦略にも大きな狂いが出始めました。内閣府によれば、2020 年
度の経済成長率は－4.5 ％と、世界金融危機以後最悪の落ち込みとなり
ました。コロナ対応に忙殺される中、安倍首相は 2020 年に退陣しまし
た。その後、菅政権、そして岸田政権と政権が変わりましたが、2022
年現在、残念ながらコロナウイルスに収束の兆しは見えていません。

10-6　金融と経済成長

　日本経済は過去 30 年で、「バブル崩壊」と「リーマンショック」とい
う 2 つの金融面での大きな打撃を受け、それが日本経済低迷の要因とし
てあげられることが多くなっています。本節においては、Arcand,
Berkes, and Panizza（2015）（以下 ABP 論文と呼びます）に基づき、
金融と経済成長との関わりについて簡単に解説します。

　産業としての金融の発展が経済成長に欠かせないことは言うまでもな
いことです。貯蓄と投資が等しくなることはすでに説明しましたが、限
られた貯蓄を効率性のより高い投資に振り向けるために、銀行や証券を
はじめとする金融システムが機能することは必要不可欠なことです。日
本においては、特に 1970 年以降から、金融の発展のため、様々な規制
撤廃・自由化が行われました。植田（2019）が述べているように、金融
についての規制が経済成長を阻害するということについては、
Townsend and Ueda（2010）など様々な研究で明らかになっています。

　ただ、あまりに金融が拡大しすぎると、バブルの発生や崩壊、あるい
は融資の大量の焦げ付きによる金融危機の発生など、実体経済の不安定
性が高まる恐れも出てきます。つまり、金融発展と経済成長との間の関
係は単調ではありません。ABP 論文は、総与信と国内総生産の比率（総
与信－GDP 比率）などを金融発展の指標ととらえ、この比率が 100 ％

以下の状況では経済成長率と正の関係があるものの、それが 100 ％を超えると、比率の上昇は経済成長率をかえって押し下げる方向に働くことを見出しました。このような状況を ABP 論文は "Too much finance"（金融過剰）と呼びました。

　ABP 論文によれば、日本においてこの総与信 − GDP 比率は 2010 年以降 100 ％を下回っているものの、1986 年のバブル期には 140 ％、そしてバブル崩壊後の 1996 年には 180 ％という高い値をつけました。日本経済新聞電子版（2019a）によれば、バブル崩壊後にこの比率が高まったのには、銀行が多額の不良債権を抱え、処理を後回しにするため、企業に追い貸しをしたことが背景にあります。

　バブル崩壊後の当時、金融機関が貸し出しを増やすことにより、企業の破綻やそれによる失業・不況を抑えられたのは間違いありません。しかし ABP 論文を参考にすると、その後の日本経済の成長率が他の先進国より弱かった一つの要因には、金融部門が肥大化したこと、そして過剰な貸し出しにより本来撤退しなくてはならない低い生産性の企業が生き残ってしまったことがあるのかもしれません。

　金融システムを管理する日本銀行は、金融システムレポート（日本銀行（2021））において、2020 年における総与信 − GDP 比率の伸び率が非常に高くなったことを警告しています。日本経済新聞電子版（2020）によれば、新型コロナへの緊急対応として、金融機関から企業への低利の融資が進んだことがその背景にあります。緊急時の融資は倒産を防ぐ意味では重要ですが、コロナ収束後の成長戦略を今後立案する際には、金融の「最適規模」についても考える必要があります。

第 10 章のポイント

- 1960 年代から 1970 年代にかけ、日本の経済成長率は 10 ％程度の高い値をとり続けた。この高度経済成長には、生産性、資本、労働の 3 者それぞれが複合的に貢献した。
- 高度経済成長の後しばらくの間は 3 ％程度の安定成長が続いた。
- 1980 年代から 90 年代前半にかけ、日本経済は資産価格の高騰とそれに伴う景気拡大を経験したが、その後資産価格が急落するにつれ、深刻な不景気となった。
- バブル崩壊後の日本の長期の低迷は、失われた 20 年といわれる。
- 2013 年から 2020 年にかけ、当時の安倍晋三首相が実行した経済政策を総称してアベノミクスという。この政策は主に金融緩和政策、機動的財政出動、成長戦略からなる。

第 11 章

日本経済の長期的課題

本章においては、経済成長論の立場から、日本経済の課題と今後あるべき姿について、少子高齢化、教育、経済政策、環境問題の 4 つの点に絞り解説します。

11-1　課題 1　少子高齢化問題

　本節においては、少子高齢化のもつ問題についてとりあげます。

11-1-1　少子高齢化が経済成長に与える影響

　日本は今、急激な人口減少を経験しています。国立社会保障・人口問題研究所の将来推計人口（平成 29 年推計・出生中位（死亡中位）推計）によれば、今から約 40 年後の 2060 年には、人口が 2020 年時点（約 1 億 3000 万人）の 8 割近くにまで減少する見込みです。また、同時に高齢化が進み、生産年齢人口比率は今の約 60 ％から約 50 ％へと落ち込み、そして 65 歳以上の高齢者が全人口に占める割合は同じく 40 年後に約 30 ％から約 40 ％にまで増加することが予測されています。

　政府の経済財政諮問会議内に設置された「選択する未来」委員会は報告書（内閣府（2015））において、若年世代の減少が深刻化する 2040 年代に日本経済はマイナス成長に陥る恐れがあると予測しています。この報告書（第 3 章 2 節）は経済成長モデルの議論にもとづき、少子高齢化が労働（L）、資本（K）、生産性（A）の 3 つの経路で日本経済の成長に悪影響を与えると述べています。以下、そのメカニズムについて、報告書に基づき説明します。

　まず、労働の減少を伴う成長への影響についてですが、人口成長を考

慮した経済成長モデルの分析ですでに示したように、人口増加率が減少
すること自体が1人当たり国内総生産に悪影響を与えるとは必ずしも言
えません。ただ、より深刻な問題は人口に占める若年層の割合が下がっ
ていくことです。高齢者が増える中、生産年齢人口が減れば、1人の労
働者が生み出す生産物をより多くの人で分け合うことになりますので、
1人当たり国内総生産の値が減る可能性があります。

　次に、資本を通した影響についてですが、ライフサイクル仮説が説明
するように、高齢化の進展は貯蓄率、特に家計貯蓄率の低下をもたらす
恐れがあります。図11-1が示すように、確かに日本において家計貯蓄
率は長期的に下落傾向にあります。特に2014年にはその値がマイナス
となりました。貯蓄率が低下した場合、投資が減り、その結果、資本蓄
積が阻害されます。主要な生産要素である資本の減少は当然のことなが
ら経済成長に悪影響を与えます。

　最後に、生産性の低下を通した影響について説明します。内生的経済

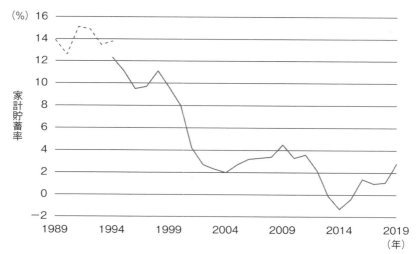

図 11-1　家計貯蓄率の推移

出典：内閣府国民経済計算（制度部門別所得支出勘定・家計）より作成
注：家計貯蓄率は家計貯蓄を家計可処分所得と年金基金年金準備金の変動額の和で割り求めた。1994 年
　　前後で国民経済計算の基準が変更されたため、グラフに断絶がある。

　成長モデルにおいてアイデアの蓄積が科学者の研究活動によりなされるように、アイデアを生み出すには人々、特に発想力の高い若者による努力が必要です。近年の様々な技術革新もその多くが若年世代によってなされました。少子化に伴う人口の減少、特に若年人口の減少は、アイデアの蓄積を減らし、生産性を減少させる可能性があります。

　なお、高齢化が経済成長に悪影響をもたらすという議論には反論もあります。Acemoglu and Restrepo（2017）は、ここ数十年における世界各国の高齢化率と経済成長率との関係を調べ、両者との間には弱い正の相関関係があること、つまり高齢化率が進んでいる国の方が経済成長率も高いということを示しました。彼らはその理由として、高齢化が進んでいる国は自動化・機械化を推し進めており、結果として効率性が高まったからであるとしています。いずれにせよ少子高齢化が直接的に生産性の向上をもたらす要因とならないことは確かであり、諸外国をはるかに超えるスピードで少子化・高齢化を同時に経験している日本においては、抜本的な対策が必要であるといえます。以下では、労働、資本、そして生産性の３つの観点から、その対策について考えます。

11-1-2　労働「量」増加の可能性

　少子高齢化の抜本的な対策はやはり出生率の改善です。2019 年現在、主要国の合計特殊出生率を見ても、アメリカが 1.73、イギリスが 1.65、フランスが 1.88、ドイツが 1.53 である中、日本は 1.42 と極めて低水準です。出生率の上昇を促す政策の企画立案は、歴代政権の課題となっています。

　日本における少子化の一つの背景に、女性の社会進出、つまり働く女性の増加があります。宇南山（2018）は、多くの女性が出産後に労働市場から退出する一方、働く女性は未婚率が高く、女性は「働くか」「子どもを産むか」の２択を迫られていると指摘しています。宇南山（2018）の指摘に基づくならば、制度や設備の面での改善をすることなく、単に出産などに補助金を出したところで出生率の抜本的改善は望めません。

　宇南山（2018）は、少子化対策として最も有用なものは保育所の整備であるが、それだけでは不十分であり、子育て後に労働市場に復帰した後も賃金が下がらないといった賃金制度の変化が同時に行われる必要があると述べています。女性が「働くか」「子どもを産むか」の2択を迫られずにすむためには、これらの取り組みに加え、男性側も意識を変え、育児を担う必要があります。

　外国から労働者を受け入れることも労働の減少を補う重要な方策です。厚生労働省が発表している「外国人雇用状況の届出状況まとめ」によれば、2021年10月末現在、外国人労働者数は合計173万人にのぼり、10年前の2011年（56万人）に比べ、3倍近くに増えました。外国人労働者がスムーズに日本で労働を供給できるようになるのであればそれが少子高齢化に対する最も現実的な策かもしれません。しかし言語の障壁など様々な課題もあり、また労働市場もグローバル化が進んでおり、外国人が（シンガポールやオーストラリアなどではなく）日本を働き先として選ぶ可能性は今後さらに下がる恐れもあります。図2-1で示したように、日本においてはここ20年で生産年齢人口が1000万人近く、つまり年間50万人のペースで減少しました。今後も労働力がこのまま、あるいはそれ以上のスピードで減少することが予想されています。労働の大量の減少分をすべて外国人で補うことは決して容易ではありません。

　生産要素としての労働の企業間移動を高めて、労働の効率性を確保することも重要でしょう。第8章で説明したように、労働の限界生産物が企業間で異なる場合、生産面で非効率性が発生し、このような場合は、労働をより生産性の高い企業に移動させることにより（総労働量を増やすことなく）生産量が増えます。しかし諸外国と比べて日本は転職がしにくい環境であるといわれています。宮本（2021）も、日本の労働市場が硬直的であり、衰退している産業から成長産業への労働の再配置が妨げられるため生産性が下がることを指摘しています。

　労働市場をより流動的にするため、例えば転職しても損をしないよう

に年金制度を変更していくなどの対応が必要でしょう。清水（2018）が指摘するように、日本においては退職給付の額が転職により減少することが知られています。厚生労働省による転職者実態調査（厚生労働省（2021））は、転職者に対し、行政が何を支援すべきか聞いています。その要望として最も多かったのが「求人情報の提供（30.9 %）」でしたが、その次に多かったのが「企業年金・退職金が不利にならないような制度の改善（29.3 %）」でした。こういった年金をはじめとする社会厚生の制度改革も労働市場の流動化に欠かせません。

　労働市場の流動化や外国人労働者受け入れ、あるいは出生率の上昇など、どれをとっても今後の日本が経済成長を続けるのに必要なことですが、残念ながらそれをすべて組み合わせても、年間 50 万人ペース、あるいはそれ以上で減少していく労働力をすべてカバーすることは極めて困難といえます。一つの生産要素が減っていく中、経済成長を維持するには、残りの要素（資本・生産性）の拡大も欠かせません。そのことについては以下でふれます。

11-1-3　資本の果たす役割

　急激に減少していく労働という生産要素を補うための有効な策は、もう一つの生産要素である資本を増やしていくというものです。すでに説明したように、日本は資本蓄積の度合いが諸外国よりも低く、それが日本の経済成長率の低迷の大きな原因となっています。Acemoglu and Restrepo（2017）が述べたように、高齢化を経験しているにもかかわらず、高い経済成長率を実現している国々（北欧諸国など）は、機械化に成功しています。特に、現在多くの雇用者が働くサービス業において資本蓄積、特に省力化・機械化を進めることは日本経済の発展にとって欠かせません。

　しかしながら、これからの日本に必要な資本はロボットといった、形のあるものだけではありません。近年、ソフトウェアや特許といった無形資産の存在が経済発展に非常に重要であることがわかってきていま

す。欧米を見ても、総資産に占める無形資産の割合は増加を続けています。日本経済新聞電子版（2021b）は、日本、アメリカ、ヨーロッパの主要1200社を対象に、無形資産・総資産比率を計算しました。この記事によると、この比率はアメリカで30％、ヨーロッパで25％である中、日本の比率は6％しかなく、かなりの差があることがわかります。

　日本経済新聞電子版（2021b）においては、この無形資産・総資産比率が高い世界各国の企業が取り上げられていますが、ここではその中で、アメリカの検査機器メーカーとして有名なダナハー社（Danaher Corporation）を紹介します。ダナハー社は、その子会社のベックマン・コールター社が新型コロナウイルスの抗体血液検査機器を販売していることでも知られ、ここ数年で売上高を急増させています。日本経済新聞電子版（2019b）によれば、ダナハーは2019年、ゼネラルエレクトリック社から約2兆円でバイオ医薬関連事業を買収するなど、企業買収も推し進めています。結果としてダナハーは様々な特許などの無形資産を持ち、無形資産比率が約75％と非常に高くなっています。

　国民経済計算によれば、日本において、総資本形成に占める無形資産への投資（知的財産生産物）の割合は20％程度であり、20年前の数値（15％程度）より上がっているものの、近年はやや伸び悩んでいます。日本の無形資産投資の程度は諸外国に比べても低いことが知られています。無形資産投資の規模の国際比較を行った内閣府（2018）によれば、無形資産投資額の国内総生産との比率は英米においては14％程度となっている一方、日本においてその値は10％を下回っています。

　経済社会システム総合研究所会長の小林喜光氏は、日本経済新聞（2021c）において、現代資本主義には構造変化が起きていると述べていて、その一つの要因としてこの無形資産の重要性の高まりをあげています。小林氏によれば、無形資産は普通の資本と違い、多様な経済主体に共有される一種の公共財的性質があり、市場に任せておくと過少供給になるため、政府が対応をとるよう主張しています。ここで公共財的性質というのは、無形資産がもたらす社会的便益が、その無形資産を蓄積す

る企業の私的利益を大きく上回るということを意味しており、そのため、個々の企業が自身の利益追求だけを考えて無形資産を蓄積した場合、社会的に望ましい水準を下回ってしまいます。

　資本の蓄積により労働の減少をカバーし、国内総生産を増やし続けるには、単に設備を増やすだけでなく、限られた人的資源の中で高い付加価値を生むことができるような無形資産の増強が必要不可欠であるといえます。日本は無形資産蓄積に関しすでに欧米諸国から大きく出遅れており、キャッチアップするためには、税制の優遇措置など政府の支援も必要でしょう。これまで私たちが積み上げてきた設備や機械などと違う資本を蓄えるわけですから、労働者である私たち自身の能力も蓄えていかないと、その資本を十分に生かして生産活動に役立てることはできません。宮川・石川（2021）は、無形資産を蓄積することを通して生産性を高め、経済を成長させるには、人材育成も必要であると指摘しています。人材育成の重要性については次節で説明します。

11-1-4　高齢化と技術革新

　少子高齢化、特に高齢化が新たな生産性上昇（技術革新）を生むという可能性を指摘している識者もいます。吉川（2016）は、高齢化が進んだ社会の在り方は誰にも予想できないものの、これまでの社会から大きく変わることは間違いなく、その社会において（はじめて）有用となるような画期的な技術革新が必ず起きるということ、そして諸外国にないペースで高齢化の進む日本は、その技術革新の「実験場」となりうるということを述べています。高齢化という変動が、それ自体技術革新を引き起こす誘因になるという吉川（2016）の主張には非常に説得力があります。

　高齢化に伴い発生する技術革新としては様々なものが考えられますが、その一例として、高齢者医療に関するデータの蓄積を通した医療技術の革新があります。本書においては、経済成長の程度を決める生産要素としてこれまで主に労働や資本を考えてきました。しかし、近年、デ

ジタル化が進展するにつれ、様々な生産・活動などを通して発生する、顧客や生産者、あるいは取引状況についてのデータ自体も生産に貢献する重要な要素としてとらえるようになってきました。

　設備や機械だけでなく、蓄積されたデータも一種の資本として生産物の生産に活用できるようになれば、経済成長に貢献するでしょう。経済成長論においては、データを組み入れた成長理論の構築が現在行われています。その代表的なものとしては Jones and Tonetti（2020）があげられます。大阪大学の大竹文雄教授は日本経済新聞（2022）において、アメリカの巨大 IT 企業は、データを利用し意思決定を行ったことが高成長につながったこと、そして日本企業はデータへの対応に遅れたため諸外国に後れを取ったことを指摘しています。

　日本においても、データの蓄積を通した新たなビジネスの創出や技術革新が望まれますが、データ蓄積に関し日本が世界をリードできる分野として、やはり先述の医療、特に高齢者医療があげられるのではないでしょうか。経済同友会（2018）も、医療・介護分野においてデータをこれまで以上に利活用し、それを技術革新につなげるよう提言しています。

　今、世界の人々に日本を訪問してもらい、日本において高水準の医療サービスを提供する「医療ツーリズム」の考え方が広まっています。高齢化の問題は近い将来日本以外の先進国にも広がっていくことが予想されています。日本が先行している高齢化を逆手に取り、高齢者に関する様々な医療・介護データを世界に先駆けて蓄積し、より質の高い高齢者医療サービスを世界に提供できれば、日本の経済全体の発展につながる可能性があるでしょう。

11-2　課題 2　教育問題

　次の課題として、人的資本の蓄積にかかわる問題をとりあげます。

11-2-1　子どもの貧困

　日本において、富裕層に関する格差は他の先進国と比べてそれほど大きくないものの、貧困率の水準が高いことを第 7 章で説明しましたが、特に深刻とされるのが子どもの貧困です。子どもの貧困率とは、所得の中央値の半分に満たない家庭で暮らす 18 歳未満の割合として定義されます。日本の子どもの貧困率は、2018 年現在、OECD 計 36 か国中（高い方から数えて）13 位となっています。図 11-2 は先進 7 か国について子どもの貧困率を比較したものです。日本の数値（約 14 ％）がやや高いことがわかります。2019 年の厚生労働省国民生活基礎調査によると、父子家庭・母子家庭など親一人で子どもを育てる世帯の貧困率は約 48 ％に上り、状況は深刻であることがわかります（参考：日本経済新聞（2020a））。

　日本財団・三菱 UFJ リサーチ＆コンサルティング（2015）は、子どもの貧困をそのままにしておいた場合の経済的損失、具体的には貧困層の子どもが教育を受けないまま社会に出ることによる生涯所得の減少額を推計し、その額が 3 兆円近くに上ること、そしてそれにより発生する財政負担が 1 兆円を超えることを明らかにしました。人々が教育を受け

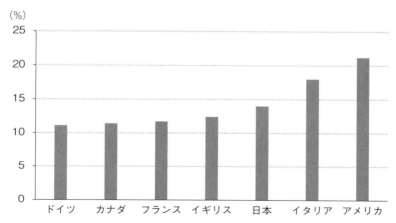

図 11-2　子どもの貧困率の主要国比較
出典：OECD（2022）Poverty rate indicator（child poverty）より作成

られない場合、就職後受け取る所得が低下し、国や自治体に納める税額
も下がります。これが子どもの貧困が発生させる財政負担です。

11-2-2　子どもへの投資

　近年教育経済学の観点から最も重視すべきととらえられている人的資
本投資の一つに幼児教育への投資があります。著名な計量経済学者で
ノーベル賞受賞者のシカゴ大学のヘックマン教授は、ヘックマン（2015）
などにおいて、貧困世帯に適切な幼児教育を施すことで、その後の就職
率や所得が増えることや生活保護申請の割合が下がることなどを明らか
にしました。

　日本においても、特に貧困世帯の場合、日々の生活に追われ、幼児期
の教育にまで手が回っていないことが想定されます。どの世帯の子ども
も幼児教育を受けられるようになれば、「分厚い」人的資本の蓄積を通
して経済の長期的な発展に貢献するのではと考えられます。

　東京大学の山口慎太郎教授が指摘（山口（2021））しているように、
幼児教育を拡大・発展させる際、その対象となる世帯は必ずしも貧困世
帯に限りません。また、山口（2021）は、日本では通常、2 歳児までの
乳幼児保育は共働きなどで親自身が保育できない場合に限られるとして
います。山口教授が主張するように、乳幼児保育の対象を広げ、保育士
養成などの面で財政支援を拡大することも日本における人的資本蓄積に
貢献すると考えられます。残念ながら現在においては乳幼児に対しどの
ような教育が望ましいかについて、まだわからないことも少なくありま
せん。こういったことについて研究を進めることも必要でしょう。

　子どもに必要な支援は教育面だけではありません。第 7 章にて説明し
たように、経済成長に貢献する人的資本の水準は健康状態にも依存しま
す。貧困世帯の子どもは食事もままならないというショッキングな報道
を最近特によく耳にします。2021 年、内閣府は、子どもの貧困に関す
る初の大規模調査である「子どもの生活状況調査」を行い、報告書（内
閣府政策統括官（政策調整担当）2021）をまとめました。その中の保護

者への質問の1つに、「過去1年間に、お金が足りなくて、家族が必要とする食料が買えないことがあったか」（設問19）というものがあり、「はい」と答えた割合（「よくあった」、「ときどきあった」、「まれにあった」の合計）は全体で約12％に達しました。収入別にみると、世帯所得の中央値以上の世帯では「はい」と答えた割合は約2％しかない一方、世帯所得の中央値の半分未満の世帯ではその割合が約38％に上ることが明らかになりました。迅速な支援が求められます。日本は高齢人口が増加していますが、例えば調理業務などを通して今後は退職したシニア層も子どものサポートに貢献できるのではないかと筆者は考えています。

　日本においては、家庭への政府支援の規模が諸外国より小さいといわれています。日本経済新聞電子版（2021c）によれば、OECD が公表している国内総生産との比率でみた家族関係の社会支出は、イギリスやフランスが3％近くあるのに対し、日本は約 1.7％と低くなっています。日本においては不幸にも子どもの数が減っていますが、逆にいうと、それだけ子ども1人当たりでみた支援を手厚くすることが可能であるといえます。子どもへの様々な形での投資の拡大、特に人的資本を促す投資が将来の経済発展のためにも求められているといえます。

　OECD が PISA2018 と同時に行った調査によると、デジタル機器を授業で使用しないと答えた生徒の割合は日本において国語、数学、理科ともに 80％近くに達し、OECD 諸国の中でもデジタル機器の使用率は最低水準であることが分かりました（出典：日本経済新聞電子版（2019c））。こういったデジタル化対応のための教育の充実も必要でしょう。デジタル機器は初期投資にお金がかかり、放っておくとますます格差が広がることが想定され、さらなる政策対応が求められます。

11-2-3　進学の機会の不平等

　第9章でも述べましたが、機会の不平等な社会において、格差は経済成長に悪影響を与える恐れが高くなります。日本においても、所得の高

い親の子どもは大学に進学できる可能性が高く、結果として自らも所得
の高い職に就きやすくなる傾向があるといわれています。東京大学によ
る 2018 年の学生生活実態調査報告書（東京大学（2018）、表 5-4-1）
は、東京大学の学生の 65 ％以上が年収 850 万以上の高所得者層の家庭
に生まれていること、一方年収が 350 万未満の家庭の割合は 10 ％程度
しかないことなどを明らかにしました。中央大学の山田昌弘氏はこの調
査結果をもとに、毎日新聞（2021）において、子どもの学力が親の経済
力に依存し、格差の再生産が起きていると述べています。親の経済力の
格差が子どもに波及する形での格差拡大は、機会の不平等につながり、
今後の経済成長に悪影響を与える恐れがあります。

　先に述べた子どもに関する報告書（内閣府政策統括官（2021））にお
いて、保護者への質問の 1 つに、「子どもが将来、現実的に見てどの段
階まで進学すると思うか」（設問 14）というのがあります。回答の割合
は、「大学またはそれ以上」が 約 50 ％、「短大・高専・専門学校まで」
が 約 20 ％、「高校まで」が約 16 ％、「中学まで」が 約 1 ％となりまし
た。これを収入別にみると、「大学またはそれ以上（進学すると思う）」
と回答する割合は、収入の中央値以上の世帯では約 67 ％である一方、
中央値の 2 分の 1 未満の世帯では約 26 ％と大きく下がります。この調
査も、先に述べた東大の調査と同様、親の所得が低い場合、子どもの人
的資本の蓄積に悪影響が出ることを示唆しています。

　学歴が世代間で固定化されるのを防ぐため、アメリカでは非大学卒の
親を持ち、かつ自身が大学進学を希望する子どもをファーストジェネ
レーションと呼び、彼らに対し奨学金を設立したり、あるいは進路相談
をする機会を設けたりするなどして、支援が行われています。アメリカ
におけるファーストジェネレーションの実態については、Ives, and
Castillo-Montoya（2020）に詳しく説明がなされています。こういった
支援を日本でも行うことは、教育機会の不平等拡大を抑えるうえで有益
といえます。

11-2-4　企業における人材投資 ────────

　これまで、人的資本を主に学校教育という観点で考えてきましたが、人的資本が蓄積されるのは必ずしも教育機関のみではありません。労働者も勤務先の企業等において、研修などの形で人的資本の蓄積を行っています。

　日本は他国に比べて企業による人材投資（人的資本投資）が不足していることが知られています。宮川（2018）は、人材育成投資が国内総生産に占める割合を国際比較しましたが、それによれば、アメリカやイギリスなどのヨーロッパ諸国では人材投資額の国内総生産比率が１％を超えているにも関わらず、日本においてその値は 0.5 ％前後と大きく見劣りしています。一方、木内（2020）によれば、サービス業に限ると人材投資の額自体が近年減少しています。

　人材投資が低調な理由には様々なことが考えられますが、一つの背景として、雇用の非正規化があげられます。非正規雇用の割合は約 30 年前には 20 ％を下回っていましたが、年々増加し、今は 40 ％近くに達しています（出典：独立行政法人労働政策研究・研修機構　早わかり　グラフでみる長期労働統計　図 8　雇用形態別雇用者数）。非正規雇用が拡大した背景として、雇用の年限の定めのない正規職員に比べ、非正規職員は企業側にとって社会保障負担等の面などでコストの低いことがあげられます。

　福利厚生などに関し、正規職員と非正規職員との間で大きな差があることは現在社会問題化していますが、両者の格差は人材投資についても存在します。正規職員の場合、採用直後、あるいは働いている間も様々な研修を通した教育を受け、その教育訓練を通して人的資本の値を増やしていきます。一方非正規職員の場合、その多くが教育研修を受けずに働き始めることがわかっています。内閣府（2013）によれば若年の非正規雇用労働者が職場を離れて研修を受ける（Off-JT）割合は、正規雇用労働者の半分近くとなっています。

　もともと非正規職員が増えた背景に人件費の抑制があるため、費用の

かかる教育研修を非正規職員に対して行わないというのは、利益をあげ
たい企業側にとってやむをえない面があります。しかし、こういった教
育・研修を受けない労働者が増えていくと社会全体の人的資本の量が減
り、その結果、経済成長に悪影響が生じる恐れがあります。エコノミス
ト誌元編集長のビル・エモット氏は、ロイター（2016）において、近年
増加の一途をたどる短期雇用労働者に対し企業が十分な訓練を行わない
せいで、彼らの人的資本が低下し、結果として社会の生産性が下落して
いることを指摘しています。

　非正規職員も、その能力や本人の意思に基づき、正規職員への転用が
行われれば、職種の転換により研修を受けることもできるでしょう。し
かし、現実問題として、職種の移動は決して容易ではありません。リク
ルートワークス研究所が行っている「全国就業実態パネル調査
（JPSED）」及びそれに基づく分析「定点観測日本の働き方」によれば、
非正規雇用労働者が正規雇用労働者になる割合（正規転換比率）は近年
約 6 ％と大変低い状況となっています。

　日本においては、人材投資に関し、企業側だけでなく労働者側の意欲
も高くありません。パーソル総合研究所は 2019 年、インターネットに
より、日本、中国、インドネシア、オーストラリアなど、アジア太平洋
地域の計 14 の国及び地域における仕事に対する意識や勤務意欲につい
て調査を行いました（パーソル研究所（2019））。この調査は、勤務外で
の自己啓発や勉強の有無についても尋ねています。それによると、マ
レーシアやフィリピンにおいては読書をしている、あるいはセミナーに
参加したりしていると答える割合がそれぞれ 40 ％にのぼる一方、日本
においては自己啓発をしていると答える割合が 20 ％を切っています。
そして驚くべきことに「何もしていない」と答える割合も 45 ％近く
（諸外国は 10 ％程度）ありました。労働者の総数が減少し続けるであろ
うこれからの日本において持続的な経済成長を実現するには、政府と企
業、そして労働者自身が連携し、正規職員だけでなく、非正規職員も含
むすべての労働者に対し、人材投資が積極的に行われ、労働の「質」が

高まり続けるような社会に変えていく必要があります。

　具体的に今後何に力点を置いて人材投資をすべきかというのは、決して簡単に見つかるものではなく、そのテーマも産業や職種によって異なるでしょう。その中であえて一つの例をあげるとすれば、「多様性（ダイバーシティ）」ではないかと筆者は考えます。女性の社会進出や定年の延長は言うに及ばず、近年企業のグローバル化が進み、外国人社員も増加傾向にあります。従来よりも、性別や世代、国籍に関して異質性の増しつつある組織において、どのように生産性を上げていくか、例えば母国語、性別、あるいは世代の異なる部下や上司と会議などにおいていかに迅速に意思疎通を図るかというのは、これからの企業の存続や発展にとって重要な課題ではないでしょうか。

　多様性が生産性を上げるかについては様々な研究結果があります。内閣府（2019a）は、労働市場の多様化が経済に与える影響を分析しています。この研究は、多様な人材を使う際の計画が立てられている企業に対象を限定すると、多様性の増加とともに生産性（全要素生産性）が10％程度統計的に有意に増加することを明らかにしています。急速な少子化が進む日本の労働市場において多様化の進展は避けがたく、その中で利益を上げていく組織にするには多様性をプラスに変えていくための人材投資に取り組む必要があるのではないでしょうか。

　資本、労働に次ぐ第3の生産要素としてのデータの活用が日本経済活性化に貢献する可能性を先に指摘しましたが、データを扱うためには、その解析に関する労働者の技能を高める必要があります。データを活用し、生産性の向上につなげられるような人材が日本では不足しているといわれています。先述の大竹氏も、日本経済新聞（2022）において、デジタル化を経営に取り入れるための人材教育の重要性を指摘しています。データを活用する人材を育成するための人材投資も、今後の柱の一つとなるでしょう。

11-3　課題 3　財政金融政策

　本節においては、経済政策、特に財政金融政策の課題について、政府債務の増大と低金利政策の 2 つの観点から説明します。

11-3-1　政府債務と経済成長

　近年の日本においては、税収が増えない中、高齢化に伴い社会保障関連の支出が年々増大してきました。また、不景気や地震などの自然災害にも苦しみ、景気回復のため、あるいは災害からの復興のため、その都度財源を国債発行に頼った財政出動が行われました。これらのことを背景に、日本では毎年多額の財政赤字が発生しており、結果として図 11-3 が示すように、国債発行残高は世界に類を見ない規模となっています。2020 年の段階における日本の長期債務（中央政府と地方政府の合計）は約 1200 兆円と、国内総生産の 2 倍近くに達しています。

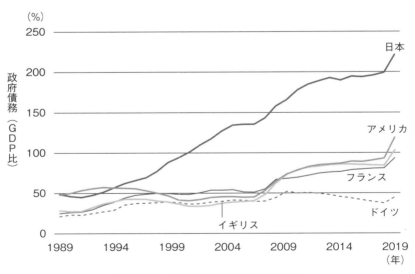

図 11-3　政府債務の GDP 比の比較
出典：IMF Global Debt Database より作成

　この政府債務の累積は、資本蓄積に非常に悪い影響を与える恐れがあります。企業が資本を増やすには、設備投資のための資金を調達する必要があり、その資金の主な源泉は、家計貯蓄をはじめとする国内の貯蓄です。しかしながら今の日本において、貯蓄のかなりの部分が民間企業の投資資金ではなく国債発行の引き受けに回っており、この状況はドイツやオーストラリアをはじめとする他の高成長の先進国と大きく異なっています。政府債務残高がここまで膨れ上がったということは、本来企業に向かうべき資金の相当部分が政府の経済活動の財源に充てられてきたことを示しています。第 5 章において説明したように、政府の経済活動の肥大化は、資本を減らし、経済成長に悪影響を与えます。田代（2017）は、政府債務と投資の低迷の関係性（クラウディングアウト）について詳しい分析を行っています。

　政府債務と経済成長との関係については多くの実証分析がなされています。その先駆的研究といえる Reinhart and Rogoff（2010）は、1946 年から 2009 年までの主要 20 か国のデータを用いて、政府債務と国内総生産の比率（政府債務 GDP 比率）と経済成長率の関係を分析し、この比率が 90 ％を超えていない国の経済成長率は 3〜4 ％あるのに対し、90 ％を超えた国の平均成長率は平均 −0.1 ％と突如急落するということ、つまり政府債務 GDP 比率 90 ％は経済成長に影響を与えるか否かのしきい値となることを主張し、大きな反響を呼びました。

　Reinhart and Rogoff（2010）の後も債務と経済成長の関係に関する研究は活発に行われています。Herndon, Ash, and Pollin（2013）は、Reinhart and Rogoff（2010）の計算には誤りがあることを指摘し、実際は政府債務 GDP 比率が 90 ％を超えた国の平均成長率は平均 2 ％となり、確かに成長率は比率の上昇とともに下がるものの、「しきい値」を超えたからといって急落するわけではないことを示しました。

　一 方、Eberhardt and Presbitero（2015） は、Reinhart and Rogoff（2010）よりも年次が新しい（1960 年から 2012 年まで）データを用いて政府債務と経済成長の関係について分析しました。彼らは国々を債務

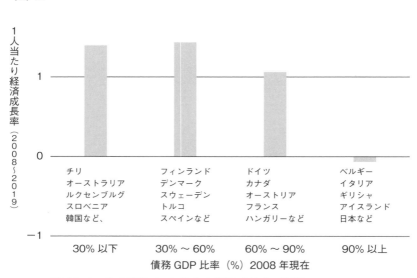

図 11-4　政府債務 GDP 比率と経済成長率の関係

出典：IMF Global Debt Database 及び OECD ウェブサイト（oecd. stat）より作成
参考：Eberhardt and Presbitero（2015）

GDP 比率が① 30 ％以下、② 30～60 ％、③ 60～90 ％、④ 90 ％以上の計 4 つのグループに分け、それぞれについて経済成長率の平均値を計算しました。そして、高所得国（1 人当たり GNI が 1 万 2746 ドル以上の国）については債務 GDP 比率が高くなるほど経済成長率の平均値が下がること、つまり両者の間には負の相関関係があるということを示しました。

　図 11-4 は、Eberhardt and Presbitero（2015）にならい、OECD 諸国について、2008 年度における債務 GDP 比率の水準と、その年から2019 年にかけての約 10 年間の 1 人当たり経済成長率の関係についてヒストグラムに示したものです。この図を見る限り、確かに債務 GDP 比率が 90 ％を超えた国々（日本、イタリアなど）のその後の成長率は、ほかの国々より低いように見えます。森川（2022）は、同じく OECD

諸国を対象にして、債務 GDP 比率の変化率と（国全体での）経済成長率との間の負の関係を見出しています。

　Eberhardt and Presbitero（2015）はさらに、より精緻な計量経済学的分析を行い、政府債務と経済成長との関係は国によって異なるものの、おおむね債務と成長との間には負の関係があるということ、しかしながら何％を超えたら債務が経済成長率を下げるといったしきい値は存在しないことなどを示しました。今に至るまで、多くの研究結果が発表されており、しきい値の有無や国の異質性などについて見解の相違はあるものの、筆者が調べた限りでは、政府債務水準と経済成長率との間には負の関係が存在するという研究結果が多いようです。

　橋爪・小林（2014）など、日本の財政が将来的に破綻する可能性を指摘する経済学者は少なくありません。政府の予算が成立するには、少なくとも歳入が国債の利払い費と償還費を超えることが必要で、その条件が満たされないならば日本国債は債務不履行の状態、つまり財政破綻の状態になります。税収が伸び悩む中、国債の発行のみが増加し続ける場合、いずれ歳入が利払い費と償還費の合計を下回ります。森川（2018）は、日本財政の破綻リスクの存在が、経済政策に不確実性をもたらし、そのせいで企業が投資あるいは研究開発に慎重になり、結果として経済成長を阻害すると指摘しています。

　今後は、国債の恒常的な発行をできる限り早期に縮小し、他の先進国と同様に、政府支出と税収を見合ったものにする必要があるでしょう。残念ながら、資本の蓄積も、そして技術革新も、その主体は政府ではなく企業や個人です。電気自動車からインターネットの検索技術に至るまで、現在起こっている技術革新の多くが民間企業によって行われていることは間違いありません。現在日本において、企業の発展に欠かせない資金のかなりの部分が、国債の引き受けに向かっており、この構造は変えていかなくてはならないといえます。

　日本において公的部門が拡大することには、高齢化に伴い社会保障費が増えている面や、度重なる自然災害に対し公的支出が必要となってい

る面などやむをえない側面がありますが、今後民間主導の健全な経済発
展を続けるためには、近い将来、税負担を大きく増やすか、あるいは支
出を大きく減らすか、どちらか（あるいは両方）の選択をする必要に迫
られるでしょう。日本においては、災害対策や社会保障の必要性は高ま
るばかりであり、公的支出を減らすことは現実問題難しく、何らかの形
で増税をせざるを得ないものと思われます。諸外国と比べ率の低い消費
税増税が最も現実的な選択肢といえますが、消費税単独で巨額の財政赤
字をカバーすることは不可能であり、所得税など他の税の増税と組み合
わせる必要があるでしょう。

　日本においては、増税が経済の低迷に直結するという考え方が根強く
あります。しかし、税率と経済成長との関係について広範囲の論文の
サーベイを行った Jaimovich and Rebelo（2017）が述べているように、
これまでの実証分析において、必ずしも増税と経済成長率との間に負の
関係が見出されたわけではありません。例えば、Easterly and Rebelo
（1993）は、1970 年から 1988 年にかけての税率と経済成長率との間の
関係を約 120 か国について分析し、両者に相関がないことを見出しまし
た。また、Piketty, Saez, and Stantcheva（2014）は、1975 年以降の
OECD 諸国における所得税の限界税率の変化と経済成長率との間の関
係を分析し、両者の間にこちらも相関がないことを見出しました。

　一方、Jaimovich and Rebelo（2017）は、1975 年以降の OECD 諸国
における労働所得税率、資本所得税率と経済成長率との間の関係を回帰
分析し、人的資本指数や投資率などをコントロールしたとしても、税率
と経済成長率との間の関係は存在しないと結論付けました。この結果
は、政府債務と経済成長との関係とは大きく違うものといえます。日本
の税率は、どの税率をとっても他の先進国に比べて非常に高いとは言え
ません。財務省（2021）によれば、2018 年現在の国民負担率（社会保
障と租税負担が国民所得に占める割合）は、アメリカが約 32 ％、イギ
リスが約 48 ％、ドイツが約 55 ％、そしてフランスが約 68 ％であるの
に対し、日本は約 44 ％となっており、まだ財政健全化に関し改善の余

地があると考えられます。諸外国が経験している範囲で税率を上げること、例えば消費税率をヨーロッパ並みの 20 ％にすることは、経済成長そのものを大きく阻害することはないでしょう。

11-3-2　低金利政策の弊害

　日本は物価上昇の度合いが弱く、1990 年代から 2000 年代前半にかけ、物価が継続的に下落するというデフレ（ーション）も経験しました。図 11-5 は、主要 5 か国の物価水準の推移について、1989 年における水準を 100 と標準化して示したものです。確かに、日本においては、30 年間でのトータルの物価上昇率が 20 ％に達せず、物価が 2 倍以上になったイギリスなどの他国と比べ物価上昇の程度が極めて低いことがわかります。

　物価、そして経済の安定のため、日本銀行は、ここ 20 年の間、世界に先駆け、短期金利をゼロにするゼロ金利政策や大量の国債を市場で購入する量的緩和政策、そしてマイナス金利政策などの非伝統的金融緩和政策を導入しました。図 11-6 は日本を含む主要国の金利（名目利子率）の推移です。諸外国ともに金利は低下傾向にありますが、日本の金利は

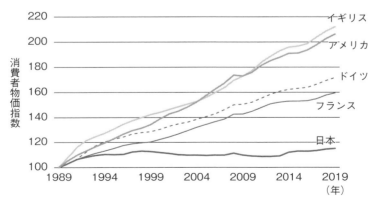

図 11-5　主要国の物価水準の推移（1989 年：100）
出典：OECD ウェブサイト（oecd. stat）より作成

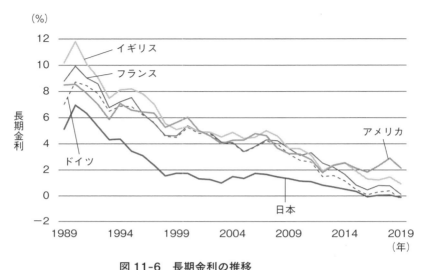

図 11-6　長期金利の推移
出典：OECD ウェブサイト（oecd.stat）より作成

特に低いことがわかります。低金利の背景には様々な要因があります
が、金融緩和政策による効果があることは間違いありません。

　日銀が金融緩和策を実行している第 1 の理由は低金利政策を通した景
気の回復及び物価水準の安定化です。しかしながら極端ともいえる低金
利政策の実施の背景には、政府の長期債務が際限なく増大する中で、国
債の利払い費を抑えなくては毎年の予算が成立しないという財政面での
事情もあります。

　日本の低金利が為替レートを円安方向に動かし、結果として輸出に頼
る製造業の業績を押し上げていることは事実です。また、政府予算に占
める国債費、特に利払い費の割合も、政府債務が拡大する中で 10 ％以
下を維持し、急増を免れています。しかしながら低金利が長く続くこと
で日本経済にはいくつかの副作用が発生しています。その一つが、生産
性が低く、利益を上げることのできないにもかかわらず、低金利のせい
で負債を抱えたまま存続し続けてしまう「ゾンビ企業」の存在です。

　Banerjee and Hofmann（2022）は、10 年以上存続しており、かつ利

益が支払い利子の何倍であるかを示すインタレストカバレッジレーシオ
（ICR）が 3 年以上連続して 1 を下回る企業をゾンビ企業と定義しまし
た。そして彼らは日本、カナダ、イギリスをはじめとする 10 以上の先
進国において、名目金利とゾンビ企業の数との間に負の関係があること
を示しました。この結果は、「ゾンビ企業」の増殖により世界各国の生
産性及び経済成長に悪影響がもたらされる可能性を示唆しています。

　日本は諸外国に比べ、企業の参入や撤退の頻度が低いといわれていま
す。サービス業の生産性を分析し、その生産性の散らばりが大きいこと
を見出した森川（2007）は、企業の新陳代謝が加速し、低い生産性の企
業が市場から退出することでサービス業全体の生産性が増すと述べてい
ます。日本の企業の参入や退出が進まない要因には、規制の存在など
様々なものがあげられますが、金利が極めて低いことも一つの要因であ
る恐れがあります。

　多額の長期債務を抱える中で政府が予算を組むためにはある程度金利
を抑えることが必要条件です。ただ、行き過ぎた低金利は国全体の生産
性を下げる可能性があります。持続的な経済成長を実現するためには、
財政再建と並行し、金融政策を正常化させ、異常な低金利から脱却し、
借りたお金に諸外国並みの利子をつけてきちんと返済できる企業のみが
生き残る社会にする必要があるのではないでしょうか。

11-3-3　デフレと経済成長

　日本の経済が他の先進国に比べ停滞しているのは、デフレ（ーショ
ン）が原因であり、財政出動に伴い発行された国債を日本銀行が引き受
けるなどして貨幣供給量を増やし、デフレを克服しインフレを起こすこ
とで経済は成長するという主張をよく耳にします。

　デフレが起きる場合、生産物を売ることによる名目上の収益額が下が
るため、利子率が一定のもと、資金を借りる際の実質的コストが増しま
す。確かにデフレには投資を減らし、資本蓄積に悪影響をもたらすとい
う負の側面があります。

　デフレと経済の低迷との関係についての研究の結果は様々です。At-keson and Kehoe（2004）は、経済成長率とインフレ率の関係について、日本、アメリカ、オーストラリアなど計 17 か国の 100 年以上に及ぶ（パネル）データを用いて分析しました。そして彼らは、戦前の大恐慌期と 90 年代の日本については、デフレーションと経済成長率の鈍化が同時進行したものの、それ以外の国については、むしろ高いインフレ率と経済低迷が同時進行するケースのほうが多く、したがってデフレと経済低迷との間には強固な関係はないと結論付けました。

　一方、Benhabib and Spiegel（2009）は、Atkeson and Kehoe（2004）と同様のデータを用いてより精緻な非線形の回帰分析を行い、インフレ率と経済成長率との間の関係は非線形であり、インフレ率が約 3.2 ％のしきい値を超えると 1 ％のインフレ率の上昇は 0.18 ％の経済成長率の低下を意味する一方、そのインフレ率がしきい値以下の場合、1 ％のインフレ率の上昇は 0.3 ％の経済成長率の上昇を意味することを明らかにしました。つまり、この場合、インフレ率と経済成長率との関係は（クズネッツ曲線のような）逆 U 字型となります。Benhabib and Spiegel（2009）によれば、確かにデフレと経済成長率低下は関係があることになります。

　しかし、Benhabib and Spiegel（2009）自身が認めているように、彼らの分析は因果関係を示したものではなく、デフレが経済成長率を鈍化「させている」とまでは言えていません。筆者の調べた限りにおいて、デフレーションが長期的な経済低迷を引き起こす主要因となると実証面で明らかにした経済成長論の文献は、まだありません。

　通常の金融緩和政策を続けることで物価上昇率を他国並みに引き上げることができるならば、それが一番望ましいのですが、マイナス金利政策をはじめとする、ある種行き過ぎた金融緩和政策は国全体の生産性の低下を呼ぶ恐れがあると考えられます。日本の物価の上昇の度合いは他国に比べ、確かに弱いですが、激しいデフレとまでは言えません。年率 5 ％を超えるようなデフレが長期的に発生している事態であれば話は別

ですが、経済政策の目標としてこれ以上インフレの実現にこだわること
は日本にとって望ましくなく、他のこと、例えば生産性の向上などに政
策の目標を切り替えるべきではないでしょうか。

11-4　課題 4　地球環境問題

　最後に、地球環境問題への対応について、経済成長の観点から説明し
ます。

11-4-1　気温上昇の影響

　世界規模の経済問題への対応を目的とし、経済界そして、政界のリー
ダー間の交流を促進するために設けられた世界経済フォーラム（World
Economic Forum）は、毎年グローバルリスクの要因を発表していま
す。World Economic Forum（2022）は、社会的格差の拡大、サイバー
リスクの高まりに加え、気候変動の危機を 2022 年のトップのリスクと
して挙げています。

　図 11-7 は、1921 年から 2021 年までの 100 年間における、日本と世
界の気温変化の推移をそれぞれ示しています（日本、世界とも、1991
年から 2020 年までの 30 年間における気温の平均値を基準値とし、その
基準値との差を示しています。また、時系列は過去 10 年の平均値を示
しています）。日本国内で見ても、あるいは世界全体でみてもここ 100
年間、気温は徐々に上昇していることがわかります。

　この地球温暖化は、多くの深刻な社会問題・経済問題をもたらすとい
われています。日本において特に危惧されるのが豪雨災害などの「自然
災害の増加」です。例えば、国土交通省（2005）が述べているように、
地球表面の温度が上昇すると、空気中の水蒸気の量が増え、降雨量が増
加する恐れがあります。

　図 11-8 は日本における、1 時間降水量が 50mm 以上の降雨回数の過
去 40 年の推移を示したものです。短時間に大量に降る豪雨の件数は長

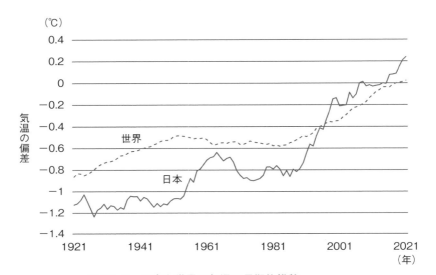

図11-7 日本と世界の気温の長期的推移
出典：気象庁ウェブサイト「気温・降水量の長期変化傾向」より作成

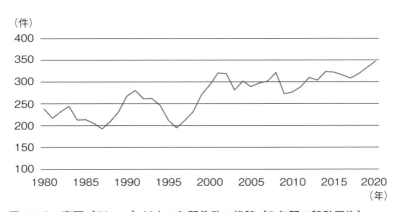

図11-8 豪雨（50mm）以上の年間件数の推移（5年間の移動平均）
出典：気象庁ウェブサイト「全国（アメダス）の1時間降水量50mm以上の年間発生回数」より作成

期的に増えていることがわかります。気象庁（2017）によれば、1 時間に 50mm 以上の雨となると、視界が悪くなり、また道路が川のようになり車の運転が危険になります。地球温暖化が社会に与える損害としては、ほかにも海面潮位の上昇や生物や植物の絶滅、感染症の増加など、様々なことがあげられます。

　地球温暖化と密接に関わっているのが大気中の二酸化炭素濃度です。太陽により加熱された地球の地表は熱を放射しますが、二酸化炭素にはその熱を吸収する性質があります。経済活動などに伴う化石燃料の使用や森林の破壊により、二酸化炭素の排出は増加し続けています。温室効果ガス世界資料センター（WDCGG）によると、二酸化炭素の世界の平均濃度は、ここ 30 年で 15 ％近く増加しています（出典：気象庁ウェブサイト「二酸化炭素濃度の経年変化」）。二酸化炭素が増加することにより熱が地球から逃げにくくなり、このことが地球温暖化の主因とされています。

11-4-2　温暖化が経済活動へ与える影響

　気温上昇が経済成長にどのような影響を与えるかについては近年様々な分析がなされています。先駆的研究の一つである Dell, Jones, and Olken（2012）は、気温上昇が特に途上国の経済成長に悪影響を与えることを示しました。一方、Colacito, Hoffmann, and Phan（2019）は、アメリカ全土の測候所の気温のデータやアメリカ州内総生産のデータの分析を行い、夏の平均気温が 1 ℃（1.8F）上昇すると、アメリカの総生産を約 0.4 ％減らすと結論付けました。

　地球温暖化は、生産要素・生産性双方の点から経済成長に悪影響を与えます。まず生産要素の一つである資本に関しては、温暖化により例えば自然災害の頻度が増した場合、資本の価値が損われ、経済成長に相当の損害がもたらされる恐れがあります。

　次に、地球温暖化がもう一つの生産要素である労働にもたらす悪影響として国際労働機関（International Labour Organization, ILO）により

指摘されているのが「熱ストレス」による労働時間の減少です。ILO によれば、熱ストレスとは生理的に耐えられる限界を超える暑さ（湿度が高い場合 35 ℃以上）のことです。ILO（2019）は熱ストレスにより失われる労働時間が、今後約 10 年間で全世界において全体の約 2 ％にのぼり、これは、フルタイム労働者約 8000 万人分に相当すると推計しました。暑さが増すと、特に屋外での作業が必須となる農業や土木建設業での労働が事実上不可能になります。日本では農業部門のシェアが少ないものの、ILO（2019）は、熱ストレスによる労働の減少がフルタイム労働者 12 万人分になると推計しました。

　天候と生産性に関する個人データを用いた近年の分析として LoPalo（2022）があります。LoPalo（2022）は、アメリカ国際開発庁が実施主体となり、世界 80 か国以上の国民を対象に行っている人口保健調査（Demographic Health Survey）に着目し、その調査に関わる 9000 人以上の調査員（インタビュアー）の生産性を分析しました。そして高温・多湿など悪天候の日には調査員によるインタビューの効率性が落ち、調査員は同じインタビューの数を、より多くの時間をかけてこなすことを突き止めました。今後温暖化が進行するにつれ単にエアコン等の機械・設備を使用するだけでは気温上昇の生産性への悪影響をカバーできなくなることが推測されます。

11-4-3　環境クズネッツ曲線

　環境汚染と経済成長との関係を示す考え方として古くから知られているものに「環境クズネッツ曲線」があります。これは、所得不平等と経済発展についての逆 U 字型の関係を示すクズネッツ曲線の環境版ともいえます。環境クズネッツ曲線は、環境汚染の程度と経済活動との関係を示す曲線のことです。この曲線によれば、（1 人当たり）国内総生産の低いうちは、その増加とともに汚染物質の排出も増えていくものの、国内総生産の水準が高くなると、環境対策が進むことなどを背景に、国内総生産の増加とともに汚染物質の排出量が減ることになります。環境

　クズネッツ曲線が成立している例としては、Brimblecomb（1977）及び
Weil（2013）が述べているように、16 世紀から 20 世紀にかけてのロン
ドンの煤煙濃度の推移があげられます。ロンドンにおいては、藤澤
（2011）が指摘するように、産業革命期に経済発展とともに環境汚染が
深刻化しましたが、その後汚染対策の技術が進み、汚染の度合いは低下
しました。

　環境クズネッツ曲線の関係が汚染物質としての二酸化炭素についても
成立するのであれば、経済発展とともに次第に二酸化炭素の排出量は
減っていくことになります。図 11-9 は、世界銀行提供のデータを用い
て、日本の 1 人当たり二酸化炭素排出量と 1 人当たり国内総生産の関係
をグラフに示したものです。1 人当たり国内総生産が 3 万 4000 ドルを
超えるあたりから、その増加とともに 1 人当たり排出量がやや減ってい
ますが、大きな低下とはなっていません。若田部（2009）が指摘するよ

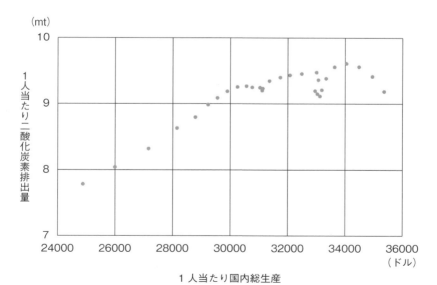

図 11-9　日本の環境クズネッツ曲線
注：CO_2、一人当たり GDP ともに過去 5 年の移動平均を用いた。
出典：世界銀行データサイト（World Bank Open Data）より作成

うに、二酸化炭素の排出は、通常の汚染物質と違い、国境を越えて広範囲に被害が及ぶものであり、二酸化炭素濃度については環境クズネッツ曲線の考え方は完全には成立しない可能性が高いと考えられます。

11-4-4 温暖化対策と経済成長の両立

　地球温暖化が今後深刻化する中で持続的な経済成長を行うには、①生産構造を災害に強いものにすることと、②経済発展を行いつつ、温暖化の進行自体を止める対策を講じることの2点について同時に推し進める必要があります。以下ではこのことについて説明します。

　まず、地球温暖化の進展に伴い自然災害が増えることが予想されている中で生産構造を災害に強いものにするには、まず資本を新しいものに変えていかなくてはなりません。例えば東芝インフラシステムズ（2020）が述べているように、災害で停電が起こっても、乗客が避難可能な場所まで自走できるように、近年新幹線の車体にはバッテリーが搭載されるようになりました。また、電話会社は、災害時の停電時にも携帯電話を利用できるよう、移動電源車の整備も進めています（参考：NTTドコモ（2021））。先に柿沼・中西（2013）が指摘したように、日本の資本は老朽化が進行していますが、こういった災害に強い新しい資本の蓄積は、安定的な経済成長に大いに寄与するでしょう。

　また、自然災害というリスクに対処するための保険の充実も求められます。近年欧米の保険会社などを中心に開発や普及が進んでいる保険に「パラメトリック保険」というものがあります。濵田（2019）によれば、パラメトリック保険とは、自然災害などの損害と関係があるパラメーター（指標）があらかじめ決めた値を超えた場合、保険金を支払うというものです。濵田（2019）が述べているように、パラメトリック保険の場合、従来の保険よりも災害発生時に迅速に保険金を支払うことができます。自然災害が多発する中で、こういった保険の流通は、災害からの復興に大きく寄与するでしょう。自然災害のリスクの把握は決して容易ではなく、現時点でパラメトリック保険は既存の保険に比べまだ開

発途上の面があります。ただこういった保険のシステムが確立し、世界で流通するようになれば、企業はリスクを恐れず設備投資をすることができ資本蓄積に貢献するでしょう。また、こういった新しい金融商品の開発を通して金融という産業の持つ生産性自体も上昇し、このことも経済成長に寄与するでしょう。

　次に、地球温暖化防止と経済発展の両立ですが、やはり必要になってくるのが脱炭素に関する様々な「アイデア」の蓄積ではないでしょうか。あらゆる産業において、CO_2 を出さない技術が市場で高く評価されるようになっており、脱炭素技術を開発することは、企業の生産性をあげ、地球温暖化を止めつつ持続的な経済成長をすることに貢献するでしょう。

　脱炭素のアイデアの蓄積が進んでいる例として、製鉄産業があげられます。現在日本においては「水素」や「アンモニア」など、従来とは異なる物質を用いた製鉄や発電の取り組みが行われていますが、その一つに「水素製鉄」があります。製鉄産業においては、コークス（炭素 C）と酸素（O_2）が結びついてできる一酸化炭素（CO）を用いて、鉄鉱石（Fe_2O_3）から鉄（Fe）を取り出しますが、この際二酸化炭素（CO_2）が発生します。二酸化炭素を出さずに鉄を作るため、炭素の代わりに用いる際の候補となっているのが水素（H_2）です。鉄鉱石を一酸化炭素ではなく水素と反応させ、鉄（Fe）と水（H_2O）に分解するという、いわば夢のような話ですが、実現に向けて研究が着実に進んでいます（出典：日本経済新聞（2020b, 2021a））。

　しかしながら、この水素製鉄の開発に取り組む代表的企業である日本製鉄は、水素製鉄の実現に必要な研究開発として 5000 億円が、そして設備投資として 4 兆円以上が必要であると試算（出典：日本製鉄（2021））しており、これは大企業といえども非常に重い負担といえます。諸外国に先んじて開発に成功するには、やはり政府の支援も必要といえます。国立研究開発法人新エネルギー・産業技術総合開発機構（NEDO）は、脱炭素に取り組む企業を支援するため、グリーンイノ

ベーション基金事業を立ち上げ、2022 年、「製鉄プロセスにおける水素活用プロジェクト」に対し約 2000 億円の支援を決めました（参考：NEDO（2022））。日本政府は財政難ですが、財源をなんとか捻出し、今後も長期の資金援助を行う必要があります。ローマー氏とノーベル経済学賞を共同受賞したノードハウス氏は、Nordhaus（1993）などにおいて、二酸化炭素の排出に課税をする炭素税の導入を長年提唱してきました。環境税制の拡充は、財源確保に貢献するとともに、脱炭素のインセンティブ強化にもつながるでしょう。環境税に関する OECD のウェブサイト（Environmental taxation）によれば、環境関連税からの税収（environmentally related tax revenue）が総税収に占める割合は、ドイツが約 4.6 ％、フランスが約 5.7 ％、イギリスが約 7.0 ％（2019 年現在）であるのに対し、日本は約 4.1 ％しかなく、まだ拡大の余地があるといえます。

　日本の企業、そして政府はこれまで、公害による犠牲を経て、環境を汚染せず経済発展をすべく努力を続けてきました。OECD の分析によれば、大気汚染削減による地球へのプラスの効果を加味した場合、1991 年から 2012 年の日本の GDP の平均成長率は約 1.3 ％になり、環境汚染が深刻なインド（約 −1 ％）といった国などを上回ります（出典：日本経済新聞（2021b））。厳格な地球温暖化対策をしながらの経済成長には困難な面も予想されますが、これまで企業・政府を挙げて脱炭素に取り組んできた日本が世界をリードできるチャンスかもしれません。

11-5　その他の論点

　日本経済の課題、特に成長の観点から見た課題は、いうまでもないことですが、上記の 4 つだけではありません。以下ではこれまでの説明でカバーできなかった重要な論点についてそのいくつかを紹介します。

　まず、元内閣府事務次官の浜野潤氏は浜野（2016）において、日本経済再生の基本原則として①財政に頼りすぎないこと、② FTA などに積

極的に参画し国際開放度を高め、諸外国の力を援用し競争力を高めること、③医療、介護、教育などの分野でフロンティアを開拓することの3点をあげています。グローバル化が生産性を上げることは第8章で述べましたが、さらに自由貿易を推し進め、外国の力を借りて生産性を高めるべきという浜野氏の主張は、少子化で国内市場が縮小しつつある中で非常に説得力があります。

　次に、日本経済をマクロ経済理論に基づき丁寧に実証分析した鶴・前田・村田（2019）は、今後の日本の成長力強化に必要なこととして、①情報化投資による ICT（情報通信技術）化の促進、② AI（人工知能）時代に対応した人的資本の蓄積、③中小企業における生産性の向上をあげています。

　一方、OECD が日本経済を審査した報告書（OECD（2021））においては、日本経済の課題について、①財政の持続性の確保、②環境の持続可能性の確保、③女性の労働参画を促すことなどによる労働力・生産性の上昇、そして④政府部門のデジタル化などデジタル・トランスフォーメーションの4点があげられています。

　これらの課題は独立ではなく相互に関わっており、その解決は同時進行で取り組んでいかなくてはいけません。綿密な計画の立案と、実行、そしてその後の検証が求められます。

11-6　脱成長論について

　日本経済の成長が鈍化しつつある中、ある意味必然的ともいえますが、経済成長を政策目標とするのをやめるべき、とする脱成長論の主張がこれまで以上によく聞かれるようになりました。経済成長、つまり所得増大を目標とすることについての批判として昔からよく知られているものに、幸福のパラドックスに基づくものがあります。幸福のパラドックスとは、人々の所得、つまり本書でいう1人当たり国内総生産が増えても、人々の幸福度は必ずしも増加しないというものです。お金以外で

幸福度に影響を与える要因としては、余暇（の長さ）であったり、コ
ミュニティとのつながりであったりといったものが知られています（出
典：草津市草津未来研究所（2012））。

　残念ながら、経済成長論は、経済成長を持続的な形でどのように実現
すべきかについてはある程度答えることができるものの、経済成長を終
わらせるべきか継続させるべきかということについて直接の解答を提示
することは困難といえます。ただ、特に日本の場合、経済成長をあきら
める、つまり国内総生産の減少を許容する体制に移行するといくつも非
常に困難な問題が発生することが予想されます。以下ではその問題につ
いていくつか指摘します。

　第 1 の問題は社会保障の問題です。年々増え続けている高齢者に対し
年金を給付したり、介護サービスを提供したりするには費用がかかり、
その財源を捻出するには税収が必要です。国内総生産が減少するという
ことはすなわち税収が減ることを意味するため、そのような状況で社会
保障を維持し続けるのは困難といえます。お金を増やすことが幸福度の
増加を意味しないことは確かなことですが、だからといってお年寄りに
配る年金給付額を急落させかつ彼らの幸福度を維持できる仕組みがある
とは思えません。税収でなく国債発行に頼る場合、今度は国債を引き受
けるための十分な貯蓄が必要となりますが、この貯蓄も国内総生産が減
ると減ってしまいます。特に日本の場合、経済成長がなかったら増え続
ける高齢者の生活を維持できなくなる可能性が高いといえます。

　第 2 の問題は経済のグローバル化の問題です。日本の社会は、各種エ
ネルギー資源や医薬品（ワクチンなど）をはじめとする様々なものにつ
いて、輸入に頼らざるを得ない構造になっています。他国の所得が増え
続ける中、日本の所得だけが縮小するような場合、これら輸入品の値段
が日本人にとってこれまで以上に高額となり、その調達が難しくなるで
しょう。特にエネルギー資源や医薬品が輸入できない場合、経済成長以
前に、医療提供体制なども崩壊する可能性があります。このような状況
で幸福は望めないのではないでしょうか。

　第 3 の問題が健康面の問題です。第 7 章で示したように、国々の 1 人当たり国内総生産の水準とその国における平均寿命との間には強い正の関係があります。多くの人が長生きするためには物質的豊かさが必要であることに疑いの余地はありません。当然ながら、平均寿命が延びることイコール幸福ではありません。短いが幸せな人生というのもあります。しかしながら、仮にほかの多くの国が経済成長の軌道に乗り、1 人当たり国内総生産や平均寿命をともに延ばしていく中、日本だけ違う方向に向かったとして、将来の国民がそれを「よい」こととみなすのか、やや疑問です。

　以上の要因により、筆者は、少なくともここ数十年の間、日本はやはり経済成長を一つの目標とせざるを得ず、たとえ幸福の追求を考慮したとしてもその結論に変わりがないものと考えます。近年は特に、地球環境保護の観点から経済成長への批判が聞かれるようになりました。斎藤（2020）は、経済活動の増加に伴う二酸化炭素や各種汚染物質の増加は、抑制可能なしきい値（tipping point）を超えており、このままでは環境が破壊されてしまうと述べています。斎藤（2020）は環境保護と経済発展を両立するような取り組み、例えば電気自動車の導入などについても、自動車の生産過程すべてを考慮すると多量の二酸化炭素を排出しているため、環境保護に寄与しているとは言えず、資本主義自体をやめるしか社会を持続させる方法はないと主張しています。確かに斎藤（2020）の主張には一理ありますが、経済発展と二酸化炭素削減を両立できるようなイノベーションが存在しえないことが科学的に証明されたわけではありません。筆者は、これまで発見された革新的技術の数々を目のあたりにして、先述のようなイノベーションが近い将来連鎖的に起こることについて楽観的にとらえています。

第11章のポイント

- 少子高齢化は、労働力人口比率の減少など様々な経路を通し、経済成長に悪影響を与える恐れがある。少子化対策や外国からの労働者の受け入れ、あるいは資本蓄積といった様々な形で生産要素を増やす必要がある。

- 貧しい子どもの教育の不足や、特に非正規労働者に対する人材投資の不足は、今後の人的資本の蓄積や生産性の上昇を阻害する可能性がある。

- バブル崩壊後、財政拡大と低金利政策が続いた。これらの政策は、短期的な景気回復や雇用の安定には貢献したが、今後生産性の上昇や民間の資本の蓄積に悪影響を与える可能性があり、経済政策の正常化が望まれる。

- 気候変動に伴う温暖化や自然災害の増加は、生産性を下げたり資本減耗率を上げたりすることにより経済成長を今後大きく阻害する恐れがある。

巻末

ここではデータ分析で使用した国のリストや、数学的議論について説明します。

巻-1　データ利用国のリスト

　本書においては、Barro（2015）らの研究に基づき、以下の国・地域を対象とします（一部例外あり）。

略号	国名	略号	国名	略号	国名	略号	国名
ARG	アルゼンチン	DZA	アルジェリア	JAM	ジャマイカ	POL	ポーランド
AUS	オーストラリア	ECU	エクアドル	JOR	ヨルダン	PRT	ポルトガル
AUT	オーストリア	EGY	エジプト	JPN	日本	PRY	パラグアイ
BEL	ベルギー	ESP	スペイン	KEN	ケニア	SDN	スーダン
BGD	バングラデシュ	FIN	フィンランド	KOR	韓国	SEN	セネガル
BHR	バーレーン	FRA	フランス	LKA	スリランカ	SGP	シンガポール
BOL	ボリビア	GAB	ガボン	LUX	ルクセンブルク	SLE	シエラレオネ
BRA	ブラジル	GBR	イギリス	MAR	モロッコ	SLV	エルサルバドル
BWA	ボツワナ	GHA	ガーナ	MEX	メキシコ	SWE	スウェーデン
CAN	カナダ	GMB	ガンビア	MLI	マリ	SYR	シリア
CHE	スイス	GRC	ギリシャ	MLT	マルタ	TGO	トーゴ
CHL	チリ	GTM	グアテマラ	MWI	マラウィ	THA	タイ
CHN	中国	GUY	ガイアナ	MYS	マレーシア	TTO	トリニダードトバゴ
CIV	コートジボワール	HND	ホンジュラス	NER	ニジェール	TUN	チュニジア
CMR	カメルーン	HTI	ハイチ	NIC	ニカラグア	TUR	トルコ
COD	コンゴ	HUN	ハンガリー	NLD	オランダ	TWN	台湾
COL	コロンビア	IDN	インドネシア	NOR	ノルウェー	TZA	タンザニア
CRI	コスタリカ	IND	インド	NZL	ニュージーランド	UGA	ウガンダ
CYP	キプロス	IRL	アイルランド	PAK	パキスタン	URY	ウルグアイ
DEU	ドイツ	ISL	アイスランド	PAN	パナマ	USA	アメリカ
DNK	デンマーク	ISR	イスラエル	PER	ペルー	ZAF	南アフリカ
DOM	ドミニカ	ITA	イタリア	PHL	フィリピン	ZMB	ザンビア

巻-2 数学的議論

巻-2-1 変数の積の増加率に関する近似計算 —————————

本項においては、積に関する以下の近似的関係式を説明します。

<u>近似式その1</u>　数 a, b が小さな数のとき、以下の式が近似的に成立する。

$$(1+a)(1+b) \cong 1+a+b$$

この近似式によれば変数 X が a %、そして変数 Y の値が b %だけ増加したとき、二つの変数の積 XY の値はおおよそそれら増加率の和 $a+b$ %だけ上昇します。

例として長方形の面積の増加率を考えてみましょう。縦の長さが 100 から 103 まで 3 %増え、そして横の長さが 200 から 202 まで 1 %だけ増えたとき、長方形の面積がいくら増えるでしょうか。変化後と変化前での面積の比は

$$\frac{103 \times 202}{100 \times 200} = \frac{103}{100} \times \frac{202}{200} = (1+3\%) \times (1+1\%)$$
$$= 1 + 3\% + 1\% + 3\% \times 1\%$$

として計算できるので、面積は 3 % + 1 % + 0.03 % = 4.03 %だけ増加することになります。ここで、増加率同士の積の部分 3 % × 1 % = 0.03 × 0.01 = 0.03 %はとても小さな値といえます。この部分を近似的に無視することにすると、面積の増加率は、縦の長さの増加率 3 %と横の長さの増加率 1 %の「和」にほぼ等しくなります。

一般に、長方形を考えるとき、縦の長さの増加率が a、そして横の長さの増加率が b のとき、(増える前の長方形の縦と横の長さによらず)、その面積の増加率は $(1+a)(1+b) - 1 = a+b+ab$ となります。ここで、a と b の値が小さいとき、増加率 a と b の積 ab の部分、つまり増加率

同士の積の部分は、非常に小さな値をとります。よって面積の増加率は
ほぼ $a+b$ となります。この関係式より、変数 X と変数 Y が与えられ
ているとき、両変数の積 XY の増加率は、変数 X の増加率と変数 Y の
増加率の和にほぼ等しくなります。つまり以下の式が成立します。

$$\frac{\Delta(XY)}{XY} \cong \frac{\Delta X}{X} + \frac{\Delta Y}{Y}$$

　例えば、1人当たり国内総生産が2％増え、人口が3％増えたとする
と、それらの積である国内総生産はおおよそそれらの和 $2+3=5$ ％だけ
増えることになります。

　次に、国内総生産が5％増え、人口が1％増えたら1人当たり国内総
生産は何％増えるかという問題を考えてみます。ここで増加率を p ％と
すると、すでに説明したように、1人当たり国内総生産の増加率と人口
の増加率の和は国内総生産の増加率に等しくなりますので、増加率同士
の間には $p\% + 1\% = 5\%$ という近似的関係が成立します。したがって、
（国内総生産を人口で割った）1人当たり国内総生産の増加率は、国内
総生産の増加率から人口の増加率を引いたもの、つまり4％というよう
に計算することができます。一般に、変数 X と変数 Y の比 X/Y の増
加率は、以下のように分子 X の増加率から分母 Y の増加率を引いたも
のとして計算できます。

$$\frac{\Delta(X/Y)}{X/Y} \cong \frac{\Delta X}{X} - \frac{\Delta Y}{Y}$$

　近似式その1は、ある変数 X の増加率と、その変数を定数 a 倍して
得られる変数 aX の増加率が同じであることを意味します。これは定数
の増加率が0であるためです。例えば、国内総生産 Y の増加率が2％
のとき、変数 $0.1Y$ の増加率も2％のままとなります。

　最後に、3つの変数 X, Y, Z の積 XYZ の増加率を考えてみましょう。まず、XYZ の増加率は XY の増加率と Z の増加率の和にほぼ等しくなります。ここで XY の増加率は X の増加率と Y の増加率の和ですから、XYZ の増加率は、X の増加率と Y の増加率と Z の増加率の和になります。例えば、直方体を考えるとき、縦の長さが1％、横の長さが2％そして高さが3％増加したとき、その体積はおおよそ $1+2+3=6$％増えることになります。

巻-2-2　累乗の変化に関する近似式

　ここでは変数の累乗の変化に関する以下の近似式を説明します。
<u>近似式その2</u>　数 x が小さな数のとき、以下の式が近似的に成立する。

$$(1+x)^a - 1 \cong ax \quad (a：定数)$$

　この近似式によれば、変数 X が1％増加したとき、その a 乗 X^a の値はおおよそ a％上昇します。この式を理解するため、まず「近似式その1」で示された関係を、変数の2乗 X^2 の増加率の計算に当てはめてみましょう。X^2 は変数 X と変数 X の積ですから、X^2 の増加率は X の増加率の2倍に（おおよそ）等しくなります。次に、この式の関係を変数の平方根 $Y = X^{1/2} = \sqrt{X}$ に当てはめます。定義より、Y の2乗 Y^2 が X に等しいため、X の増加率は Y（$= X^{1/2}$）の増加率の2倍になります。このことより、変数 X の1/2乗つまり X の平方根 $X^{1/2}$ の増加率はもともとの変数 X の増加率の半分となります。また、変数を3乗した数の増加率は元の変数の増加率の3倍になるため、X の1/3乗つまり3乗根 $X^{1/3}$ の増加率は X の増加率の1/3に等しくなります。
　同様の議論を行うことにより、変数 X の a 乗 X^a の増加率は、X の増加率の a 倍に等しくなることを示すことができます。例えば、変数 X の値が100から101まで1％増加したとき、$X^{1/2} = \sqrt{X}$ の値はおおよそ0.5％増えます。厳密に計算すると、$X^{1/2} = \sqrt{X}$ の値は $X = 100$ のとき

$\sqrt{100} = 10$ であり、$X = 101$ のとき $\sqrt{101} = 10.049\cdots$ であるため、確かに
おおよそ 5 ％増えていることがわかります。

巻-3　労働分配率・資本分配率の数学的議論

　ここでは、コブ・ダグラス型生産関数につく係数 a, $1-a$ がそれぞれ
資本分配率、労働分配率と呼ばれる要因について説明します。具体的に
は、国内総生産と生産要素の間の関係がコブ・ダグラス型で示されると
き、労働所得が国内総生産に占める割合が $1-a$ そして資本所得が国内
総生産に占める割合が a になることを示します。

巻-3-1　企業の利潤最大化問題

　本書では企業を、利潤をできるだけ多くする存在としてとらえます。
企業は生産要素の資本、労働を用いて、生産物の生産を行います。そし
て資本、労働への対価を支払い、残りが企業にとっての利潤となりま
す。資本の使用にかかる費用を資本 1 単位当たり r、そして労働の 1 単
位の利用にかかる費用、つまり賃金（wage）を、労働 1 単位当たり w
とします。資本の購入・使用のため、金融機関から資金を借りたとする
と、この資本の価格 r は金利と一致します。

　企業が資本と労働を用いた際、かかる費用は、資本については資本の
価格 r と資本の積、そして労働の費用は給与 w と労働量の積となりま
す。そして総費用はこれらの和として表されます。ここで、資本の価格
とは資本を 1 単位企業に貸すことから得られる利益のことであり、資本
収益率ともいわれます。

　ここで、企業が生み出す生産物の量が、コブ・ダグラス型生産関数と
して $Y = K^a L^{1-a}$ のように与えられているとします。ここで、生産額は
生産量 Y に生産物の価格をかけたものになります。この場合、利潤 π
は生産要素 K, L 双方の関数であり、

> π＝生産物の価格×（資本 K）^{a}（労働 L）$^{1-a}$－資本の価格 r×資本 K
> 　　－賃金 w×労働 L

として表せます。以下では簡単のため生産物の価格を1とします。

　企業は2つの生産要素の量を上手に選び、利潤を最大化します。ここで利潤 $\pi = K^a L^{1-a} - rK - wL$ は資本 K 及び労働 L の双方についての2変数関数となっています。いま、この利潤が、資本 K、労働 L の値が $(K, L) = (K^*, L^*)$ の時に最大になっているとします。この場合、以下の2つのことが成立します。

1) 労働 L の値が L^* のとき、利潤 $\pi = K^a (L^*)^{1-a} - rK - wL^*$ は資本についての1変数関数となるが、この関数は $K = K^*$ のとき最大になり、π の資本に関する微分はゼロになる。

2) 資本 K の値が K^* のとき、利潤 $\pi = K^a (L^*)^{1-a} - rK - wL^*$ は資本についての1変数関数となるが、この関数は $L = L^*$ のときに最大になるため、π の資本に関する微分はこのときゼロになる。

　べき関数 Ax^a の微分係数は Aax^{a-1} であるため、生産関数が $Y = K^a L^{1-a}$ のとき、生産関数を資本で微分したもの、つまり資本の限界生産物は $aK^{a-1} L^{1-a}$ そして生産関数を労働で微分したもの、つまり労働の限界生産物は $(1-a) K^a L^{-a}$ です。したがって利潤を資本、労働で微分したものがゼロになるという先述の条件は以下のように書くことができます。

> 資本の限界生産物＝$aK^{a-1} L^{1-a}$＝資本の価格 r
> 労働の限界生産物＝$(1-a) K^a L^{-a}$＝賃金 w

　生産要素の限界生産物（に生産物の価格をかけたもの）が生産要素の価格に等しくなるという条件は経済学においてよく用いられます。もし労働の限界生産物が賃金より高い水準になるのなら、労働を追加的に1単位増やすことによる収入の増加（つまり限界生産物）が、それによる

費用の増加（つまり賃金）を上回ることになり、このことは利潤が労働の増加により高まることを意味します。つまり企業が利潤を最大にする場合、労働の限界生産物が賃金を超えた状態で生産が決まることはありません。反対に限界生産物が賃金より低い場合、労働を減らすことで利潤が増えます。したがってこのような状態で生産が決まることもあり得ません。資本についても同様のことが言えます。つまり企業が利潤を最大にしている場合、限界生産物は生産要素の価格に等しくなります。

巻-3-2　労働・資本分配率の導出

　前項で明らかになったように、資本の限界生産物、労働の限界生産物はともに生産関数と式が似ていて、資本の限界生産物は国内総生産を資本で割り定数 a をかけたもの、そして労働の限界生産物は国内総生産を労働で割り定数 $1-a$ をかけたものとなっています。

　したがって、労働所得、この場合は賃金 w と労働 L の積 wL が国内総生産 $Y = K^a L^{1-a}$ に占める割合、つまり労働分配率は以下のような定数となります。

$$\text{労働分配率} = \frac{\text{労働所得}\; w \times L}{\text{国内総生産}\; Y} = \frac{(1-a)\,K^a L^{-a} \times L}{K^a L^{-a}} = 1-a$$

　同様の計算により、資本所得＝資本収益率 r ×資本 K が国内総生産に占める割合は a となります。

　これが、コブ・ダグラス型生産関数の係数 $1-a$ を「労働分配率」と呼んだ理由です。同様に、資本所得が国内総生産に占める割合は a に等しくなります。

　なお、以下の計算により、国内総生産と、資本所得、労働所得の合計が等しくなることがわかります。

$$\text{国内総生産}\; Y = \text{資本所得}\,(aY) + \text{労働所得}\,((1-a)\,Y)$$

　所得の合計が国内総生産に等しくなるというこの関係式は、コブ・ダグラス型生産関数だけでなく、収穫一定の性質を持つすべての生産関数に成り立ちます。これをオイラーの定理といいます。

巻-4　成長会計の計算

　以下では、経済成長率、生産性上昇率、資本の増加率、労働の増加率の間に成立する以下の関係式

$$1+\frac{\Delta Y}{Y}=\left(1+\frac{\Delta A}{A}\right)\times\left(1+\frac{\Delta K}{K}\right)^{1/3}\times\left(1+\frac{\Delta L}{L}\right)^{2/3} \tag{1}$$

を簡略化する手法について説明します。まず、「近似式その2」より、(1) 式の右辺の2番目の項は近似的に資本の増加率の1次関数として

$$\left(1+\frac{\Delta K}{K}\right)^{1/3}=1+\frac{1}{3}\times\frac{\Delta K}{K}$$

と表せます。同様に、(1) 式の3番目の項は近似的に労働の増加率の1次関数として

$$\left(1+\frac{\Delta L}{L}\right)^{2/3}=1+\frac{2}{3}\times\frac{\Delta L}{L}$$

と表現できます。したがって (1) 式は、

$$\left(1+\frac{\Delta A}{A}\right)\times\left(1+\frac{1}{3}\frac{\Delta K}{K}\right)\times\left(1+\frac{2}{3}\frac{\Delta L}{L}\right) \tag{2}$$

のように近似できます。この段階で、累乗の式が消え、少し簡単になりました。

ここで今度は「近似式その1」を（2）式の第2項と第3項との積に用いると、以下のような関係式を得ます。

$$\left(1+\frac{1}{3}\frac{\Delta K}{K}\right)\times\left(1+\frac{2}{3}\frac{\Delta L}{L}\right)\cong 1+\frac{1}{3}\frac{\Delta K}{K}+\frac{2}{3}\frac{\Delta L}{L} \qquad (3)$$

この（3）式の関係を（2）式に代入し、再度「近似式その1」を使うと、以下のような関係式を導出できます。

$$1+\frac{\Delta Y}{Y}\cong 1+\frac{\Delta A}{A}+\frac{1}{3}\times\frac{\Delta K}{K}+\frac{2}{3}\times\frac{\Delta L}{L}$$

この式の両辺から1を引くことにより成長会計の式を得ることができます。

巻-5　人口増加を考慮した経済成長モデルの説明

以下では人口が増加するときの経済成長モデルの構造について詳しく説明します。

人口増加率を n、そして今年の労働を L とします。このとき今年から来年にかけて労働が増加する量 ΔL は、n を用いて

$$\Delta L = n \times L$$

と表すことができます。一方、資本 K は1人当たり資本 k と労働 L の積に等しく、これを式で書くと

$$K = k \times L$$

となります。人口が増加する場合、時間がたつにつれ、資本労働比率 k と人口 L の両方が変化します。したがって全体の資本 K の変化量は、k, L 及びその変化量を用いて

$$\Delta K = (k + \Delta k) \times (L + \Delta L) - (k \times L)$$

と表現することができます。ここで、上式の両辺を資本 $K = kL$ で割ると、変数の増加率についての式

$$\text{資本の増加率} \frac{\Delta K}{K} = \left(1 + \text{労働の増加率} \frac{\Delta L}{L} \right)$$
$$\times \left(1 + 1 \text{人当たり資本の増加率} \frac{\Delta k}{k} \right) - 1$$

を得ます。増加率が 1 より十分小さいとすると、「近似式その 1」より上の式は資本の増加率が 1 人当たり資本の増加率と人口の増加率の和に等しいという以下の式に書きかえることができます。

$$\frac{\Delta K}{K} \cong \frac{\Delta L}{L} + \frac{\Delta k}{k}$$

　上式の両辺に資本 K 倍をかけると資本の増加に関する式 $\Delta K = k \times \Delta L + L \times \Delta k$ を得ます。この式を成長方程式（5-3）に代入すると

$$k \times \Delta L + L \times \Delta k = s \times Y - d \times K$$

となります。この式は、投資 $s \times Y$ から資本減耗 $d \times K$ を引いた資本の

純増つまり純投資が、

①新たに生まれた労働者（人数ΔL）に対し、1人当たりkだけの資本を与えること、

②すでにいる労働者（人数L）に対し、1人当たり資本をΔkだけ追加して与えること

の2つに用いられていることがわかります。ここで、上の方程式を、1人当たりのものに変えるため、その両辺を労働Lで割ってみましょう。すると、以下の式を得ます。

$$k \times \frac{\Delta L}{L} + \Delta k = s \times \frac{Y}{L} - d \times \frac{K}{L}$$

この式に1人当たり資本の定義$k = \frac{K}{L}$、人口増加率の定義$\frac{\Delta L}{L} = n$及び1人当たり生産関数$\frac{Y}{L} = k^{1/3}$を代入することにより、第6章で用いた、以下のような成長方程式を得ることができます。

$$\Delta k = s \times k^{1/3} - (d + n) \times k$$

なお、本来の経済成長モデル（Solow（1956））においては、時間tが連続的であり、経済成長の過程は差分方程式ではなく、微分方程式により表現されています。微分方程式を用いても、成長方程式に対応する式を導出することができます。以下では微分方程式を用いる場合の成長方程式の導出について簡単に説明します。

時間が連続的に動くと仮定した経済成長モデルにおいても、生産関数や投資率の定義は変わりませんが、資本の増加が、資本を時間で微分したもの（時間微分）$\frac{dK}{dt}$として表現され、また、資本や労働などの変

数 X の増加率が、X の時間微分 $\dfrac{dX}{dt}$ を X 自身で割ったもの $\dfrac{1}{X} \times \dfrac{dX}{dt}$ として定義されます。ここで、労働増加率＝人口増加率を n とすると、この値は労働の時間微分を用いて

$$\frac{1}{L} \times \frac{dL}{dt} = n$$

と表せます。また、この場合、成長方程式は資本の時間微分を用いて

$$\frac{dK}{dt} = s \times Y - d \times K \tag{1}$$

のように表せます。資本 K は 1 人当たり資本 k と労働 L の積（kL）なので、1 人当たり資本の時間微分は、積の微分の公式より

$$\frac{dK}{dt} = k \times \frac{dL}{dt} + L \times \frac{dk}{dt} \tag{2}$$

に等しくなります。(2) 式を (1) 式に代入してさらに両辺を労働 L で割ることにより、以下の式を得ます。

$$k \times \frac{1}{L} \frac{dL}{dt} + \frac{dk}{dt} = s \times \frac{Y}{L} - d \times \frac{K}{L}$$

上式に生産関数 $Y = K^{1/3} \times L^{2/3}$ 及び人口増加率の式を代入することで、1 人当たり資本 k の時間微分は

$$\frac{dk}{dt} = s \times k^{1/3} - (d+n) \times k \tag{3}$$

として表されます。この（3）式が時間が連続的な場合の成長方程式となります。この場合の定常状態は1人当たり資本の時間微分 dk/dt が0の状態として求められますが、その場合の1人当たり資本や労働の値は本書の値と一致します。

巻-6　経済成長の σ 収束

Barro and Sala-i-Martin（1992）が説明するように、世界各国の1人当たり国内総生産の散らばり方を数値で把握する最も初等的な方法の一つとして、その対数値の標準偏差を見るというものがあります。この値が時間とともに減っていくとき、経済成長は σ 収束しているといいます。なお、変動係数を見る場合もあります。変動係数とは、データの標準偏差を平均で割った値で、データのばらつきを見るための統計量です。以下では標準偏差及び変動係数について詳しく説明します。

今 N 個のデータ（数値）$\{a_1, a_2, \cdots a_N\}$ が与えられたとします。そして平均値を $a^* = \frac{1}{N}(a_1 + a_2 + \cdots + a_N)$ とします。このとき、各データについて、「平均値との差」を計算し、その差の2乗についての平均値を分散、そして分散の平均値を標準偏差といいます。標準偏差とは、データと平均値との乖離の平方根ともいえます。標準偏差が小さいほど、データは平均値の近くに集まっている、すなわちデータの値に違いがないことを意味します。

図 A-1 は、Dalgaard and Vastrup（2001）の手法を参考にして、世界 157 か国の1人当たり国内総生産の対数値の標準偏差について、1979年から 2019 年の 40 年間でどのように推移したかを示したものです。おおむね単調にその値が下落していっているものの、近年は下落の程度が

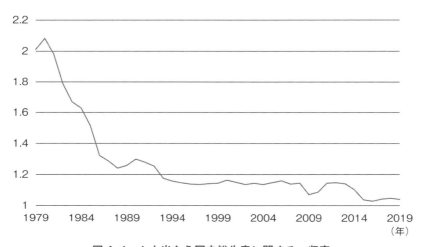

図 A-1　1 人当たり国内総生産に関する σ 収束
出典：Penn World Table 10.0 より作成

弱まっています。

巻-7　　内生的経済成長モデルの理論的説明

　ここでは、内生的経済成長モデルについて詳しい説明を行います。すでに説明したように、この成長モデルは、以下の 3 つの式により構成されています。

$$\text{部品の種類の増加} \Delta A = \beta \times (pL) \times A \tag{1}$$

$$\text{国内総生産 } Y = K^{1/3} \times N^{2/3} \tag{2}$$

$$\text{成長方程式} \Delta K = s \times Y - d \times K \tag{3}$$

　ここで、変数 N は $(A \times (1-p)L)$ として定義されます。まず、(2) 式を (3) 式に代入することで、資本の増加に関する式を得ます。

$$\Delta K = s \times K^{1/3} \times N^{2/3} - d \times K$$

　ここで、p も L も一定ですので、変数 N の増加率 $\dfrac{\Delta N}{N}$ は、アイデアの増加率、つまり βpL に常に等しくなります。したがって、この成長方程式は、人口が増えていく場合の成長モデルにおける成長方程式と式の形が全く同じになります。今、資本 K と変数 $N = A(1-p)L$ との比率を変数 k で表すと、第6章と同様の議論により k は以下の式を満たします。

$$\Delta k = s \times k^{1/3} - (d + \beta pL) \times k$$

　第6章の分析を援用することで、以下の結果を導くことができます。

①時間とともに、変数 $k = \dfrac{K}{N}$ は一定値に収束する。

②定常状態において、資本 K、国内総生産 Y の成長率は、アイデアの増加率 βpL に等しくなる。

　したがって、定常状態における経済成長率は、研究開発に従事する労働量 pL に比例することがわかります。

　以下では、この内生的経済成長モデルがカルドアの事実を満たしていることを示します。まず、労働量が一定なので、1人当たり国内総生産の増加率は国内総生産の増加率 $\dfrac{\Delta Y}{Y} = \beta pL$ と一致します。同様に、1人当たり資本の増加も資本の増加率 βpL に一致します。したがって1人当たり国内総生産も1人当たり資本も一定の割合で増加することになります。次に、資本係数は $\dfrac{K}{Y} = k^{2/3}$ であり、変数 k のみの関数となり、この値は一定値に収束するので資本係数自体も一定値に収束します。次に、資本収益率は、資本の限界生産であり、この値は Y を K で微分した値つまり $(1/3)k^{-2/3}$ となります。変数 k は一定値に収束するので資本

の限界生産も一定値に収束します。最後に、コブ・ダグラス型生産関数
を考えているので、資本分配率も労働分配率も一定値になります。

巻-8　資源と経済成長

　ここでは資源を組み入れた内生的経済成長モデルの概要を説明します。これまでと同様に、生産における各部品の使用量は部品の種類によらず一定と考えます。この場合、生産関数は、部品の種類、資本、労働を用いて

$$総生産\ Y = (部品数\ A)^{2/3} \times (資本\ K)^{1/3} \times (資源量\ R)^{1/3}$$
$$\times (生産労働(1-p)L)^{1/3}$$

と表せます。式を整理すると

$$Y = K^{1/3} \times (RA^2 \times (1-p)L)^{1/3}$$

となります。ここで、第8章3節の議論に従い、右辺の2番目の項 $RA^2 \times (1-p)L$ を N で表します。この場合、総生産 Y は資本 K、変数 N を用いて $Y = K^{1/3} \times N^{2/3}$ のようにコブ・ダグラス型生産関数で表記できます。すでに説明したように、定常状態において、総生産 Y 及び資本 K の増加率は変数 N の増加率と一致します。また、変数 N の増加率は生産性 A の増加率の2倍と資源 R の増加率の和に等しくなります。ここで仮定から資源の総量 X は漸化式 $\Delta X = -R = -aX$ を満たすので、X の増加率は $-a$ となります。資源の使用量は資源の総量に比例するため、この場合、資源の使用量の増加率も $-a$ となります。したがって、この場合経済成長率は

$$\frac{\Delta Y}{Y} = 2\frac{\Delta A}{A} + \frac{\Delta R}{R} = 2\beta \times 研究者数(pL) - 定数\,a$$

となります。確かにこの場合、経済成長率は資源の使用の度合い a が高くなるほど下がります。

巻-9　準内生的経済成長モデルの理論的説明

本章では、準内生的経済成長モデルについて詳しい説明を行います。

このモデルの構造は、内生的経済成長モデルと、アイデアの生産関数の形状及び人口増加以外については同じです。準内生的経済成長モデルは以下の4つの式により構成されています。

部品の種類の増加 $\Delta A = \sqrt{(pL) \times A}$ 　　　　　　(1)

国内総生産 $Y = K^{1/3} \times N^{2/3}$ 　　　　　　(2)

成長方程式 $\Delta K = s \times Y - d \times K$ 　　　　　　(3)

人口増加の式 $\dfrac{\Delta L}{L} = n$ 　　　　　　(4)

ここで、変数 N は $A \times (1-p)L$ です。まず、(1) 式を変数 A で割ることにより、この変数の増加率に関する以下の式を得ます。

$$\frac{\Delta A}{A} = \sqrt{p \times \frac{L}{A}} \tag{5}$$

次に (4) 式から (5) 式を引くと

$$\frac{\Delta L}{L} - \frac{\Delta A}{A} = n - \sqrt{p \times \frac{L}{A}} \tag{6}$$

となります。ここで人口 L と生産性水準 A との比率としての変数 $z=L/A$ を考えると、A-2-1 での議論により、上の式の左辺は変数 z の増加率に等しくなります。つまり、上の式は z を用いて

$$\frac{\Delta z}{z}=n-\sqrt{p\times z}=\sqrt{p}\times\left(\frac{n}{\sqrt{p}}-\sqrt{z}\right) \tag{7}$$

として表せます。ここで（7）式より、変数 z の変化率は、$\frac{n}{\sqrt{p}}>\sqrt{z}$

つまり $z<\frac{n^2}{p}$ のときプラスであり、一方 $z>\frac{n^2}{p}$ のときマイナスです。

つまり長期的には変数 z は一定値 $\frac{n^2}{p}$ に収束します。人口 L と生産性水準 A との比率が一定になるということは、長期的に生産性水準 A の上昇率が人口増加率 n に一致することを意味します。

　変数 N の増加率 $\frac{\Delta N}{N}$ を q とし、さらに資本 K と変数 $N=A(1-p)L$ との比率を変数 k で表すと、k は以下の式を満たします。

$$\Delta k=s\times k^{1/3}-(d+q)\times k$$

　この式は、変数 k が一定値に収束することを示しています。ここで、A の増加率も L の増加率も n ですので、変数 N の増加率は $2n$ となります。したがって定常状態において資本 K の増加率、そして変数 Y の増加率つまり経済成長率も $2n$ となります。つまりこのモデルの場合、アイデアの増加率や経済成長率は、すべて人口増加率に比例することになります。

引用文献

英文

Acemoglu, D., Restrepo., P. (2017). "Secular stagnation? The effect of aging on economic growth in the age of automation," *American Economic Review* 107 (5), pp. 174-79.

Aghion, P., Howitt, P. (1992). "A model of growth through creative destruction," *Econometrica* 60 (2), pp. 323-351.

Aiyar, S., Ebeke, C. (2020). "Inequality of opportunity, inequality of income and economic growth," *World Development* 136, pp. 115-125.

Arcand, J. L., Berkes, E., Panizza, U. (2015). "Too much finance?" *Journal of Economic. Growth* 20 (2), pp. 105-148.

Arntz, M., Gregory, T., Zierahn, U. (2016). "The risk of automation for jobs in OECD countries: A comparative analysis," Working Paper No. 189. OECD Publishing.

Atkeson, A., Kehoe, P. (2004). "Deflation and depression: Is there an empirical link?" *American Economic Review*, Papers and Proceedings 94 (2), pp. 99-103.

Barro, R., Sala-i-Martin, X. (1992). "Convergence," *Journal of Political Economy* 100, (2), pp. 223-251.

Barro, R. (2015). "Convergence and modernization," *The Economic Journal* 125 (585), pp. 911-942.

Bassino, J., Broadberry, S., Fukao, K., Gupta, B., Takashima, M. (2018). "Japan and the Great Divergence, 730-1874," CEI Working Paper Series 2018-13, Center for Economic Institutions, Institute of Economic Research, Hitotsubashi University.

Banerjee, R., Hofmann, B. (2022). "Corporate zombies: Anatomy and life cycle," BIS working papers no. 882. BIS.

Benhabib, J., Spiegel, M. (2009). "Moderate inflation and the deflation-depression link," *Journal of Money, Credit and Banking* 41 (4), pp. 787-798.

Biddle, J. (2012). "Retrospectives: the introduction of the Cobb-Douglas regression." *Journal of Economic Perspectives* 26 (2), pp. 223-236.

Bolt, J., van Zanden, J . (2020). "Maddison style estimates of the evolution of the world economy. A new 2020 update,". Maddison-Project Working Paper.

Bloom, N., Jones, C. I., Van Reenen, J., Webb, M. (2020). "Are ideas getting harder to find?" *American Economic Review*. 110 (4), pp. 1104-1144.

Bond, S., Leblebicioğlu, A., Schiantarelli, F. (2010). "Capital accumulation and growth:

a new look at the empirical evidence," *Journal of Applied Econometrics* 25 (7), pp. 1073-1099.

Boppart, T., Krusell, P. (2020). "Labor supply in the past, present, and future: A balanced growth perspective. *Journal of Political Economy* 128 (1), pp. 118-157.

Boppart, T., Li. H. (2021). "Productivity slowdown: reducing the measure of our ignorance," *Federal Reserve Bank of San Francisco Working Paper* 2021-21.

Bretschger, L. (2020). "Malthus in the light of climate change," *European Economic Review* 127, pp. 103-477.

Brimblecombe, P. (1977). "London air pollution, 1500-1900," *Atmospheric Environment* 11 (12), pp. 1157-1162.

Broadberry, S. M., Campbell, B., Klein, A., Overton, M., van Leeuwen, B. (2015). "British Economic Growth 1270-1870," Cambridge University Press.

Brynjolfsson, E., Collis, A., Erwin Diewert, W., Eggers, F., Fox, K. (2019). "GDP-B: Accounting for the value of new and free goods in the digital economy," *NBER working paper* 25695.

Cingano, F. (2014). "Trends in income inequality and its impact on economic growth", *OECD Social, Employment and Migration Working Papers*, No. 163, OECD Publishing.

Colacito, R., Hoffmann, B., Phan, T. (2019). "Temperature and growth: A panel analysis of the United States," *Journal of Money, Credit and Banking* 51 (2-3), pp. 313-368.

Dalgaard, C. J., Vastrup, J. (2001). "On the measurement of σ-convergence," *Economics Letters* 70 (2), pp. 283-287.

Dell, M., Jones, B., Olken, B. (2012). "Temperature shocks and economic growth: Evidence from the last half century," *American Economic Journal: Macroeconomics* 4, (3), pp. 66-95.

De Loecker, J. (2007). "Do exports generate higher productivity? Evidence from Slovenia," *Journal of International Economics*, 73 (1), pp. 69-98.

Easterly, W., Rebelo, S. (1993). "Fiscal policy and economic growth: An empirical investigation." *Journal of Monetary Economics* 32 (3), pp. 417-458.

Eberhardt, M., and A. F. Presbitero, (2015) "Public debt and growth: Heterogeneity and non-linearity," *Journal of International Economics*, 97 (1), pp. 45-58.

Eggertsson, G., Jacob A. Robbins, J., Wold, E. (2021). "Kaldor and Piketty's facts: The rise of monopoly power in the United States," *Journal of Monetary Economics* 124, pp. 519-538.

European Commission. (2011). "Quarterly Report on the Euro Area," Volume 10 No 1.

Feenstra, R. C., Inklaar, R., Timmer, M. P. (2015). "The next generation of the Penn

World Table," *American Economic Review* 105 (10), pp. 3150-3182.

Feenstra, R. C., Inklaar, R., Timmer, M. P. (2016). "Human capital in PWT 9.0," Groningen Growth and Development Centre, University of Groningen.

Feldstein, M. S., Horioka, C. Y. (1980). "Domestic saving and international capital flows," *Economics Journal* 90 (358), pp. 314-329.

Fukao, K., Bassino, J. -P., Makino, T., Paprzycki, R., Settsu, T., Takashima, M., Tokui, J. (2015). "Regional Inequality and Industrial Structure in Japan: 1874-2008," Maruzen Publishing.

Galor, O., Zeira, J. (1993). "Income distribution and macroeconomics," *The Review of Economic Studies* 60 (1), pp. 35-52.

Gordon, R. J. (2015). "Secular stagnation: A supply-side view," *American Economic Review* 105 (5), pp. 54-59.

Guellec, D., van Pottelsberghe de la Potterie, B. (2001). "R&D and productivity growth: Panel data analysis of 16 OECD countries," OECD STI Working Papers No. 3.

Hansen, A. (1939). "Economic progress and declining population growth," *American Economic Review* 29 (1), pp. 1-15.

Hanushek, E., Woessmann, L. (2008). "The role of cognitive skills in economic development," *Journal of Economic Literature* 46 (3), pp. 607-668.

Herndon, T., Ash, M., Pollin, R. (2014). "Does high public debt consistently stifle economic growth? A critique of Reinhart and Rogoff," *Cambridge Journal of Economics* 38 (2), 257-279.

Hosono, K and Takizawa, M. (2022). "Japan's productivity stagnation: Using dynamic Hsieh-Klenow decomposition," *Contemporary Economic Policy* 40 (1), pp. 218-232.

Hsieh, C., Klenow, K. (2009). "Misallocation and manufacturing TFP in China and India," *Quarterly Journal of Economics* 124 (4), pp. 1403-1448.

Inklaar, R., Timmer, M. P. (2013). "Capital, labor and TFP in PWT8.0," Groningen Growth and Development Centre, University of Groningen.

ILO (2019). "Working on a warmer planet: The impact of heat stress on labour productivity and decent work,"

Ives, J., Castillo-Montoya, M. (2020). "First-generation college students as academic learners: A systematic review," *Review of Educational Research* 90 (2), pp. 139-178.

Jaimovich, N., Rebelo, S. (2017). "Nonlinear effects of taxation on growth," *Journal of Political Economy*, 125 (1), pp. 265-291.

Jones, C. I., Romer, P. M. (2010). "The new Kaldor facts: Ideas, institutions, population, and human capital," *American Economic Journal: Macroeconomics* 2 (1), pp. 224-245.

Jones, C. I. (1995). "R&D-based models of economic growth," *Journal of Political Economy* 103 (4), pp. 759-784.

Jones, C. I. (2015). "Pareto and Piketty: The macroeconomics of top income and wealth inequality," *Journal of Economic Perspectives* 29 (1), pp. 29-46.

Jones, C. I., Tonetti, C. (2020). "Nonrivalry and the economics of data," *American Economic Review* 110 (9), pp. 2819-2858.

Kaldor, N. (1961). "Capital accumulation and economic growth," in *The Theory of Capital*, ed. F. A. Lutz and D. C. Hague, pp. 177-222. New York: St. Martins Press.

Karabarbounis, L., Neiman, B. (2014). "The global decline of the labor share," *Quarterly Journal of Economics* 129 (1), pp. 61-103.

Krusell, P., Smith Jr, A. A. (2015). "Is Piketty's "second law of capitalism" fundamental?" *Journal of Political Economy* 123 (4), pp. 725-748.

Kuznets, S., (1955), "Economic growth and income inequality," *American Economic Review*, vol. 65, pp. 1-28.

LoPalo, M. (2022). "Temperature, worker productivity, and adaptation: Evidence from survey data production," *American Economic Journal: Applied Economics* (forthcoming).

Lucas, R. E., Jr. (1988), "On the mechanics of economic development," *Journal of Monetary Economics*, 22 (1), pp. 3-42.

Mankiw, N. G., Romer, D., Weil, D. N. (1992). "A contribution to the empirics of economic growth," *Quarterly Journal of Economics* 107 (2), pp. 407-437.

Mankiw, N. G. (2016). "The GDP and its discontents (book review)," *Science* 353 (6297), pp. 356.

Melitz, M. J. (2003). "The impact of trade on intra-industry reallocations and aggregate industry productivity," *Econometrica* 71 (6), pp. 1695-1725.

Milanovic, B. (2018). "Why inequality matters?" Vox https://voxeu.org/content/why-inequality-matters (参照 2022-03-19)

Nordhaus, W. D. (1993). "Optimal greenhouse-gas reductions and tax policy in the 'DICE' Model," *American Economic Review* 83 (2), pp. 313-317.

OECD (2010). "The high cost of low educational performance."

OECD (2022). Poverty rate (indicator). doi: 10.1787/0fe1315d-en (Accessed on 22 January 2022)

Parisi, M., Schiantarelli, F., Sembenelli, A. (2006). "Productivity, innovation and R&D: Micro evidence for Italy," *European Economic Review* 50 (8), pp. 2037-2061.

Riekhof, M., Regnier, E., Quaas, M., (2019), "Economic growth, international trade, and the depletion or conservation of renewable natural resources," *Journal of*

Environmental Economics and Management. 97, pp. 116-133.

Piketty, T., Saez, E. (2014). "Inequality in the long run," *Science* 344 (6186), pp. 838-843.

Piketty, T., Saez, E., Stantcheva, S. (2014). "Optimal taxation of top labor incomes: A tale of three elasticities," *American Economic Journal: Economic Policy* 6 (1), pp. 230-271.

Prettner, K. (2019). "A note on the implications of automation for economic growth and the labor share," *Macroeconomic Dynamics* 23 (3), pp. 1294-1301.

Reinhart, C., Rogoff, K. (2010). "Growth in a time of debt," *American Economic Review* 100 (2), pp. 573-578.

Romer, P. M. (1990). "Endogenous technological change." *Journal of Political Economy* 98 (5), pp. 71-102.

Solow, R. M. (1956). "A contribution to the theory of economic growth," *Quarterly Journal of Economics* 70 (1), pp. 65-94.

Summers, L. H. (2015). "Demand side secular stagnation," *American Economic Review* 105 (5), pp. 60-65.

Tett. G. (2018). "Recalculating GDP for the Facebook age", November 22, Financial Times. https://www.ft.com/content/93ffec82-ed2a-11e8-8180-9cf212677a57 (参照 2022-03-29)

Townsend, R., Ueda, K. (2010). "Welfare gains from financial liberalization," *International Economic Review* 51 (3), pp. 553-597.

Weil, D. (2013). *Economic growth*, Third Edition, Pearson.

World Economic Forum (2022). "Global Risks Report 2022."

Young, A., Higgins, M., Levy, D (2008). "Sigma convergence versus beta convergence: evidence from U.S. county-level data," *Journal of Money, Credit and Banking* 40 (5), pp. 1083-1093.

和文

石井晋 (2021)「日本における電機産業の発展史(2)研究開発体制の形成と技術導入の影響」『学習院大学　経済論集』第 57 巻　第 4 号

医療・介護システム改革委員会、若林辰雄 (2018)「データ利活用基盤の構築を急げ—QOL を向上させるデータヘルスに関する中間提言—」経済同友会

植田健一 (2019)「経済成長の持続と金融」平成 30 年度金融調査研究会第 1 研究グループ『SDGs に金融はどう向き合うか』第 5 章　全国銀行協会

宇南山卓 (2018)「出生率向上の政策効果——子育てと就業の両立支援策」福田慎一編『検証　アベノミクス「新三本の矢」成長戦略による構造改革への期待と課題』第 3 章　東京大学出版会

宇南山卓・原亮太 (2015)『日本における「裕福なその日暮らし」と消費刺激策』PRI

Discussion Paper Series 2015 A-3 財務省財務総合政策研究所研究部

NTT ドコモ（2021）「NTT ドコモの災害対策」

扇谷高男（2016）「戦後日本のイノベーション 100 選と特許情報の活用」『Japio YEAR BOOK 2016』p. 64-69 日本特許情報機構

小田清（2014）「国民所得倍増計画」北海道自治研究 第 547 号、p. 10-11 北海道地方自治研究所

外務省（2019）「政府開発援助（ODA）国別データ集 2019 サブサハラ・アフリカ地域［25］赤道ギニア」

柿沼重志・中西信介（2013）「成長戦略の成否を握る民間設備投資の動向」経済のプリズム No. 118 参議院調査室

加藤涼・近藤崇史・鷲見和昭・榎本英高・長田充弘（2012）「高度成長期から安定成長期へ――日本の経験と中国経済への含意」日銀レビュー 2012-J-17 日本銀行

川本卓司・尾崎達哉・加藤直也・前橋昂平（2017）「需給ギャップと潜在成長率の見直しについて」 日本銀行調査論文 日本銀行

木内康裕（2020）「日本企業の人材育成投資の実態と今後の方向性〜人材育成に関する日米企業ヒアリング調査およびアンケート調査報告〜」Ⅰ．調査の目的、生産性レポート vol. 17，p. 1-3 日本生産性本部 生産性総合研究センター

気象庁（2017）「雨と風（雨と風の階級表）」

北原聖子（2018）「AI 等の技術が労働市場に与える影響に関する内外の研究動向について」ESRI Research Note No. 43，内閣府経済社会総合研究所

清田耕造・神事直人（2017）『実証から学ぶ 国際経済』有斐閣

草津未来研究所（2012）「幸福度研究に関する調査研究報告書―総合計画への幸福度指標導入について―」草津市役所

経済企画庁（1956）「結語」『昭和 31 年度 年次経済報告書』内閣府

経済企画庁（1993）第 2 章「バブルの発生・崩壊と日本経済」『平成 5 年度 年次経済報告』内閣府

経済企画庁（1999）『平成 11 年度 年次経済報告書』内閣府

経済企画庁（2000）第 2 章「持続的発展のための条件」『平成 12 年度 年次経済報告』内閣府

経済社会システム総合研究所（2021）「社会課題に関する 3 か国（日本・米国・ドイツ）意識調査の結果―生活者、働き手、消費者、投資家、有権者としての意識―」KAITEKI 研究会

厚生労働省（2020）第 1 章 図表 1-3-3「労働力人口・就業者数の推移」『令和 2 年版厚生労働白書』

厚生労働省（2021）『令和 2 年転職者実態調査の概況』

国土交通省（2006）第 1 部、コラム・事例「地球温暖化と大雨、台風の関係」『平成 17 年度 国土交通白書』

小峰隆夫（2003）『最新 日本経済入門［第 2 版］』日本評論社

斎藤幸平（2020）『人新世の「資本論」』集英社新書

財務省（2021）「国民負担率の国際比較」

三省堂（2018）『新明解国語辞典　第七版』

清水仁志（2018）基礎研レター「労働市場の流動化を促すために退職給付制度の見直しを」ニッセイ基礎研究所

白川方明（2011）「高度成長から安定成長へ―日本の経験と新興国経済への含意―」日本銀行

鈴木克洋（2014）コラム「GNI（国民総所得）」経済のプリズム　第 127 号　参議院調査室

「選択する未来」委員会（2015）『選択する未来――人口推計から見えてくる未来像』内閣府

田代毅（2017）『日本経済最後の戦略――債務と成長のジレンマを超えて』日本経済新聞出版

多田忠義（2013）「新興国ウォッチ〈第 16 回〉ボーモルのコスト病」金融市場　2013 年 10 月号　p. 31　農林中金総合研究所

田中吾朗・菊地康之・上野有子（2018）「近年の労働分配率低下の要因分析」内閣府

谷口英喜（2015）「経口補水療法」日本生気象学会雑誌 52 巻 4 号，p. 151-164

中小企業庁（2016）第 1 部　第 3 章「中小企業の生産性分析」『2016 年版　中小企業白書』

鶴光太郎・前田佐恵子・村田啓子（2019）『日本経済のマクロ分析――低温経済のパズルを解く』日本経済新聞出版

東京大学学生委員会学生生活調査 WG（2018）「2018 年（第 68 回）学生生活実態調査報告書」東京大学

東芝インフラシステムズ（2020）「東海旅客鉄道（株）N700S 確認試験車用バッテリー自走システム」東芝レビュー　vol. 75 No. 2，p. 68

内閣官房（2015）「やわらか成長戦略。～アベノミクスをもっと身近に～」

内閣府（2006）第 2 章「企業行動の変化と企業からみた構造改革の評価」『平成 18 年度　年次経済財政報告』

内閣府（2007）第 3 章第 4 節「経済成長と格差の関係」『平成 19 年度　年次経済財政報告』

内閣府（2010a）第 2 章第 1 節「今回の円高局面の特徴」『日本経済 2010』

内閣府（2010b）第 2 章　図第 2-2-13「所得分位別の限界消費性向」『平成 22 年度　年次経済財政報告』

内閣府（2013）第 3 章　図第 3-1-6「雇用形態別の人材育成機会」『平成 25 年度　年次経済財政報告』

内閣府（2018）第 3 章第 2 節　図第 3-2-14「無形資産投資の国際比較」『平成 30 年度　年次経済財政報告』

内閣府（2019a）第 2 章第 3 節「労働市場の多様化が経済に与える影響」『令和元年度

　　年次経済財政報告』

内閣府（2019b）第3章第3節「グローバル化が進展する中での日本経済の課題」『令
　　和元年度　年次経済財政報告』

内閣府（2019c）付注2-4「流動性制約家計の推計について」『日本経済 2018 – 2019』

内閣府（2021）「令和3年　子供の生活状況調査の分析　報告書」

内閣府（2022）第2章「成長と分配の好循環実現に向けた企業部門の課題」『日本経済
　　2021 – 2022』

縄田康光（2008）「戦後日本の人口移動と経済成長」経済のプリズム　第54号　参議院
　　調査室

日本銀行（2021）「金融システムレポート」2021年4月号　（BOX1）

日本経済新聞（2009）経済教室「温暖化で経済学的議論——若田部昌澄」2009年11
　　月2日

日本経済新聞（2020a）「子どもの貧困 13.5%　厚労省調査、母子家庭では 48% 超」2020
　　年5月13日

日本経済新聞（2020b）きょうのことば「水素製鉄法　CO2 大幅削減の切り札にも」
　　2020年12月5日

日本経済新聞（2021a）「Hを制する（1）水素、緑も青も総力戦　50年に全エネルギー
　　の 16 ％に（第4の革命・カーボンゼロ）」2021年5月3日

日本経済新聞（2021b）「経済成長に CO_2 排出量を加味、グリーン GDP を検討　政府
　　が新指標」2021年8月12日

日本経済新聞（2021c）新しい資本主義を問う「無形資産投資に目標を、GDP、豊かさ
　　測れず——経済社会システム総合研究所会長　小林喜光氏」2021年11月23日

日本経済新聞（2021d）チャートは語る「日本の設備、停滞の20年、総量1割増どま
　　り　投資抑制、低成長招く」2021年12月5日

日本経済新聞（2021）経済教室「子ども庁、何を優先すべきか（中）　未就学児への支
　　援、重点的に——東京大学教授　山口慎太郎」2021年6月2日

日本経済新聞（2021）経済教室「コロナ後の成長の条件（中）　労働市場の流動化こそ
　　本筋——東京都立大学教授　宮本弘曉」2021年8月31日

日本経済新聞（2021）経済教室「脱・停滞へ無形資産投資カギ　投資意欲引き出すに
　　は——学習院大学教授　宮川努」2021年12月6日

日本経済新聞（2022）月曜経済観測「コロナ後の成長　データ駆使、生産性向上を
　　——大阪大学特任教授　大竹文雄氏」2022年1月3日

日本経済新聞（2022）経済教室「生産性高める財政支出（上）　ソフトなインフラに重
　　点を——一橋大学教授　森川正之」2022年2月10日

日本経済新聞電子版（2018a）「GDP が映さぬ 15 兆円　ネットの恩恵『無料の豊かさ』」
　　2018年3月18日 https://www.nikkei.com/article/DGXMZO28234050W8A310C1
　　SHA000/ （参照 2022-03-19）

日本経済新聞電子版（2018b）「ノーベル経済学賞にノードハウス氏ら『炭素税』提唱」

2018 年 10 月 8 日　https://www.nikkei.com/article/DGXMZO36243900Y8A001C1
I00000/（参照 2022-03-19）

日本経済新聞電子版（2019a）「ゾンビ企業とは　破綻状態『追い貸し』で延命」 2019
年 2 月 9 日　https://www.nikkei.com/article/DGXZQOCA124170S1A510C2
000000/（参照 2022-03-19）

日本経済新聞電子版（2019b）「GE、バイオ医薬事業を売却　2.3 兆円で米ダナハーに」
2019 年 2 月 25 日 https://www.nikkei.com/article/DGXMZO41737360V20C19A2T
J1000/（参照 2022-03-19）

日本経済新聞電子版（2019c）「日本の 15 歳『読解力』15 位に後退　デジタル活用進
まず」2019 年 12 月 3 日 https://www.nikkei.com/article/DGXMZO52905290T01C
19A2CC1000/（参照 2022-03-19）

日本経済新聞電子版（2020）「4 月の貸出残高、危機対応で 20 年ぶり最高　『過熱』懸
念 も 」2020 年 5 月 13 日 https://www.nikkei.com/article/DGXMZO59040410T1
0C20A5EE9000/（参照 2022-03-19）

日本経済新聞電子版（2021a）「GDP の外、膨らむ経済動画配信・SNS・家事など、
「お得感」4 年で 25% 増」2021 年 5 月 9 日 https://www.nikkei.com/article/DGK
KZO71688640Y1A500C2EA5000/（参照 2022-03-19）

日本経済新聞電子版（2021b）「デジタル時代の経営占う『無形資産』　欧米勢で比率
高く　M&A や DX 加速」2021 年 5 月 27 日 https://www.nikkei.com/article/DG
XZQOUC216WY0R20C21A5000000/（参照 2022-03-19）

日本経済新聞電子版（2021c）「『子どもシフト』遠く　こども家庭庁、23 年度創設
財政規模で欧州に見劣り」2021 年 12 月 22 日　https://www.nikkei.com/article/
DGKKZO78650610R21C21A2EA2000/（参照 2022-03-19）

日本経済新聞電子版（2021d）「1 人当たり GDP、日本は 19 位　20 年度推計」2021 年
12 月 24 日　https://www.nikkei.com/article/DGXZQOUA247XX0U1A221C20000
00/（参照 2022-03-19）

日本経済新聞電子版（2022）「10〜12 月 GDP、実質年率 5.4% 増　2 期ぶりプラス成長」
2022 年 2 月 15 日　https://www.nikkei.com/article/DGXZQOUA149H30U2A210
C2000000/（参照 2022-03-19）

日本財団・三菱 UFJ リサーチ＆コンサルティング（2015）「子どもの貧困の社会的損
失推計レポート」

日本製鉄（2021）「日本製鉄カーボンニュートラルビジョン 2050〜ゼロカーボン・ス
チールへの挑戦」季刊ニッポンスチール vol. 10

NEDO（2022）「グリーンイノベーション基金事業、製鉄プロセスでの水素活用プロ
ジェクトに着手―製鉄プロセスから CO_2 排出量の 50 % 以上を削減可能な技術を
開発―」ニュースリリース https://www.nedo.go.jp/news/press/AA5_101503.
html（参照 2022-03-19）

橋爪大三郎・小林慶一郎（2014）『ジャパン・クライシス――ハイパーインフレがこの

国を滅ぼす』筑摩書房

樋浩一（2018）「誤解されがちな『大災害が経済に及ぼす影響』」東洋経済オンライン　https://toyokeizai.net/articles/-/239311?page=3（参照 2022-03-19）

パーソル総合研究所（2019）「APAC 就業実態・成長意識調査（2019 年）」https://rc.persol-group.co.jp/thinktank/assets/APAC_2019.pdf

濱田和博（2019）「パラメトリック保険の現状と課題」損保総研レポート　第 129 号　損害保険事業総合研究所

浜野潤（2016）第 15 章「日本経済の再生に向けて」金森久雄・大守隆編『日本経済読本［第 20 版］』東洋経済新報社

原田泰・吉岡真史（2004）「日本の実質経済成長率は、なぜ 1970 年代に屈折したのか」ESRI discussion paper series No. 119　内閣府経済社会総合研究所

平口良司・稲葉大（2020）『マクロ経済学──入門の「一歩前」から応用まで［新版］』第 1 章　有斐閣

深尾京司・権赫旭（2004）「日本の生産性と経済成長──産業レベル・企業レベルデータによる実証分析」経済研究　第 55 巻　第 3 号　p. 261-281

深尾京司・宮川努編（2008）『生産性と日本の経済成長──JIP データベースによる産業・企業レベルの実証分析』東京大学出版会

深尾京司（2016）第 149 回 TCER セミナー「サービス産業の生産性は低いのか」経済同友 7 月号　p. 18　経済同友会

藤澤晃（2011）「産業革命をどう教えるか」『高等学校　世界史のしおり』2011 年 1 月号　p. 11-p. 12　帝国書院

藤波匠（2014）「わが国省エネ戦略の方向性─オイルショックからの示唆─」Reseach Focus 日本総合研究所

毎日新聞（2021）「親ガチャ『外れ』諦める若者　家庭環境の格差拡大『神様のせいに』──中央大・山田昌弘教授」2021 年 12 月 8 日

牧野文夫（2017）「戦前日本の所得，資産分布──明治後期から 1930 年代まで」経済志林　85 巻　1 号　pp. 105-139

松浦健太郎（2015）「ベネズエラ　原油価格急落で経済に暗雲」ジェトロセンサー　2015 年 4 月号 p. 68-69　日本貿易振興機構

南亮進・牧野文夫（2017）序章　第 3 節「所得と資産の分配」深尾京司・中村尚史・中林真幸編『岩波講座　日本経済の歴史 3　近代 1──19 世紀後半から第一次世界大戦前』岩波書店

宮川努（2018）『生産性とは何か──日本経済の活力を問いなおす』ちくま新書

宮川努・石川貴幸（2021）「資本蓄積の低迷と無形資産の役割─産業別データを利用した実証分析─」RIETI ディスカッション・ペーパー，21-J-020　経済産業研究所

森川正之（2007）「サービス産業の生産性は低いのか？─企業データによる生産性の分布・動態の分析」RIETI ディスカッション・ペーパー，07-J-048　経済産業研究所

森川正之（2018）『生産性　誤解と真実』日本経済新聞出版

文部科学省科学技術・学術政策研究所科学技術予測・政策基盤調査研究センター（2021）「科学技術指標 2021」図表 1-1-1、図表 2-1-3　文部科学省

山口真一・坂口洋英・彌永浩太郎（2018）「インターネットをとおした人々の情報シェアがもたらす消費者余剰の推計」InfoCom REVIEW　70 号　情報通信総合研究所編　NTT 出版

山下大輔（2021）新社会人のための経済学コラム第 135 回「日本は『世界第 3 位の経済大国』というけれど」日本生命保険 https://www.nissay.co.jp/enjoy/keizai/135.html（参照 2022-03-19）

横浜税関（2008）第 3 章「戦後高度成長と近年における国際化の進展」『横浜開港 150 年の歴史──港と税関』財務省関税局

吉川洋（2012）『高度成長──日本を変えた六〇〇〇日』中公文庫

吉川洋（2016）『人口と日本経済　長寿、イノベーション、経済成長』中公新書

ロイター（2016）視点「正規・非正規雇用の分断こそ日本の弱点──ビル・エモット氏」2016 年 5 月 18 日 https://jp.reuters.com/article/view-bill-emmott-idJPKBN0UM0TI20160112（参照 2022-03-19）

労働政策研究・研修機構（2021）「主要労働統計指標 2021 年 8 月」

若松寛（2017）「平成 28 年度年次別法人企業統計調査結果と調査からみた企業動向」ファイナンス 11 月号，p. 2-4．財務省

OECD 経済開発検討委員会（2021）「OECD 対日経済審査報告書 2021 年版　日本概要」OECD

英文和訳

ポール・クルーグマン＆ロビン・ウェルス著（2019）『クルーグマン マクロ経済学［第 2 版］』大山道広、石橋孝次、塩澤修平、白井義昌、大東一郎訳、東洋経済新報社

ロバート・J・ゴードン著（2018）『アメリカ経済──成長の終焉』（上下巻）高遠裕子・山岡由美訳、日経 BP

J・A・シュムペーター著（1977）『経済発展の理論』（上下巻）塩野谷祐一、中山伊知郎、東畑精一訳、岩波文庫

アンガス・ディートン著（2014）『大脱出──健康、お金、格差の起原』松本裕訳、みすず書房

トマ・ピケティ著（2014）『21 世紀の資本』山形浩生、守岡桜、森本正史訳、みすず書房

ジェームズ・J・ヘックマン著（2015）『幼児教育の経済学』古草秀子訳、東洋経済新報社

エルハナン・ヘルプマン著（2009）『経済成長のミステリー』大住圭介、池下研一郎、野田英雄、伊ケ崎大理訳、九州大学出版会

ウィリアム・J・ボウモル＆ウィリアム・G・ボウエン著（1994）『舞台芸術　芸術と

経済のジレンマ』池上惇監訳、渡辺守章訳、芸団協出版部

ブランコ・ミラノヴィッチ著（2017）『大不平等——エレファントカーブが予測する未来』立木勝訳、みすず書房

ウェブサイト関連（データ以外）

国立公文書館ウェブサイト「公文書にみる日本のあゆみ」「国民所得倍増計画について」http://www.archives.go.jp/ayumi/kobetsu/s35_1960_03.html（参照 2022-03-19）

国連 SDGs ウェブサイト（ゴール 8）https://sdgs.un.org/goals/goal8（参照 2022-03-19）

首相官邸「『成長戦略』の基本的な考え方」https://www.kantei.go.jp/jp/headline/seichosenryaku/kihon.html（参照 2022-03-19）

小学館　デジタル大辞泉　「プラザ合意」https://dictionary.goo.ne.jp/word/（参照 2022-03-19）

内閣府国民経済計算ウェブサイト「よくある質問：GDP と GNI（GNP）の違いについて」https://www.esri.cao.go.jp/jp/sna/otoiawase/faq/qa14.html（参照 2022-03-19）

データサイト

気象庁ウェブサイト「気温・降水量の長期変化傾向」https://www.data.jma.go.jp/cpdinfo/temp/index.html（参照 2022-03-19）

気象庁ウェブサイト「二酸化炭素濃度の経年変化」https://ds.data.jma.go.jp/ghg/kanshi/ghgp/co2_trend.html（参照 2022-03-19）

気象庁ウェブサイト「全国（アメダス）の 1 時間降水量 50mm 以上の年間発生回数」https://www.data.jma.go.jp/cpdinfo/extreme/extreme_p.html（参照 2022-03-19）

厚生労働省「所得再分配調査」ウェブサイト https://www.mhlw.go.jp/toukei/list/96-1.html

厚生労働省「国民生活基礎調査」ウェブサイト https://www.mhlw.go.jp/toukei/list/20-21.html

国立社会保障・人口問題研究所　日本の将来推計人口（平成 29 年推計）「結果の概要」掲載表 https://www.ipss.go.jp/pp-zenkoku/j/zenkoku2017/db_zenkoku2017/db_zenkoku2017gaiyo.html（参照 2022-03-19）

総務省統計局「労働力調査」ウェブサイト https://www.stat.go.jp/data/roudou/index.html

総務省「家計調査」ウェブサイト https://www.stat.go.jp/data/kakei/

内閣府「固定資本ストック速報」ウェブサイト https://www.esri.cao.go.jp/jp/sna/son

ota/kotei/kotei_top.html

内閣府「国民経済計算」ウェブサイト https://www.esri.cao.go.jp/jp/sna/menu.html

日本銀行「需給ギャップと潜在成長率」データサイト https://www.boj.or.jp/researc
h/research_data/gap/index.htm/（参照 2022-03-19）

世界銀行データサイト（World Bank Open Data）https://data.worldbank.org/（参
照 2022-03-19）

経済産業研究所・一橋大学 JIP 2021 データベース https://www.rieti.go.jp/jp/databas
e/JIP2021/index.html

文部科学省 科学技術・学術政策研究所「科学技術指標 2021」（HTML 版）統計集サイ
ト https://www.nistep.go.jp/sti_indicator/2021/RM311_table.html

労働政策研究・研修機構データサイト「早わかり　グラフでみる長期労働統計」http
s://www.jil.go.jp/kokunai/statistics/timeseries

リクルートワークス研究所「定点観測 日本の働き方」https://www.works-i.com/sp/
teiten/（参照 2022-03-19）

IMF Global Debt Database https://www.imf.org/external/datamapper/datasets/G
DD（参照 2022-03-19）

IMF World Economic Outlook Database（October 2021）https://www.imf.org/en/Pu
blications/WEO/weo-database/2021/October

Maddison Project Database 2020 データベース（参照 2022-03-19）https://www.rug.
nl/ggdc/historicaldevelopment/maddison/releases/maddison-project-database-
2020?lang=en

Penn World Table 10.0 https://www.rug.nl/ggdc/productivity/pwt/?lang=en（参照
2022-03-30）

OECD データサイト https://stats.oecd.org（参照 2022-03-19）

OECD ウェブサイト「Environmental taxation」https://www.oecd.org/env/tools-ev
aluation/environmentaltaxation.htm（参照 2022-03-19）

OECD income distribution database　https://www.oecd.org/social/income-distributi
on-database.htm

索　引

【著者紹介】

平口　良司（ひらぐち・りょうじ）

明治大学政治経済学部教授

2000年東京大学経済学部卒。2002年東京大学大学院経済学研究科修士課程修了、スタンフォード大学経済学部大学院博士課程修了（PhD）。京都大学経済研究所講師、立命館大学経済学部准教授、千葉大学法政経学部准教授を経て2017年より明治大学政治経済学部准教授。2018年より現職。著書に『マクロ経済学　入門の「一歩前」から応用まで〈新版〉』（共著、有斐閣）、『経済学のための線形代数』（朝倉書店）がある。

入門・日本の経済成長

2022 年 11 月 18 日　　　1 版 1 刷

著　者　　平 口 良 司
　　　　　©Ryoji Hiraguchi, 2022

発行者　　國 分 正 哉

発　行　　株式会社日経 BP
　　　　　日本経済新聞出版

発　売　　株式会社日経 BP マーケティング
　　　　　〒 105-8308　東京都港区虎ノ門 4-3-12

印刷／製本　藤原印刷
ISBN 978-4-296-11376-7

Printed in Japan